科学健身指导丛书

“全民健身路径”锻炼指南

国家体育总局 编

人民体育出版社

图书在版编目(CIP)数据

“全民健身路径”锻炼指南 / 国家体育总局编．-北京：
人民体育出版社，2011（2021.1.重印）
(科学健身指导丛书)
ISBN 978-7-5009-4095-1

Ⅰ.①全… Ⅱ.①国… Ⅲ.①全民健身-指南
Ⅳ.①G811.4-62

中国版本图书馆 CIP 数据核字（2011）第 135221 号

*
人民体育出版社出版发行
国 铁 印 务 有 限 公 司
新 华 书 店 经 销
*
787×960 16 开本 8.5 印张 115 千字
2011 年 9 月第 1 版 2021 年 1 月第 6 次印刷
印数：14,001—15,500 册
*
ISBN 978-7-5009-4095-1
定价：45.00 元

社址：北京市东城区体育馆路 8 号（天坛公园东门）
电话：67151482（发行部） 邮编：100061
传真：67151483 邮购：67118491
网址：www.sportspublish.cn
（购买本社图书，如遇有缺损页可与邮购部联系）

序

1995年6月20日，国务院颁布《全民健身计划纲要》，自此，我国的群众体育事业驶入了健康、快速的发展轨道，亲民、便民、利民的全民健身服务体系造福千家万户，广大人民群众以极大的热情投身全民健身行列，汇聚成汹涌澎湃的健身世纪潮。《纲要》实施十五年来，我国城乡居民的健身意识普遍增强，群众性体育健身活动广泛开展，国民体质状况逐步改善，具有中国特色的全民健身体系基本建成。特别是北京奥运会后，胡锦涛总书记提出了进一步推动我国由体育大国向体育强国迈进的宏伟目标，2009年国务院批准设立“全民健身日”并颁布施行《全民健身条例》，为进一步推进全民健身事业取得跨越式发展、努力建设体育强国奠定了基础。

为统筹规划新时期全民健身事业的发展蓝图，今年2月，国务院印发了《全民健身计划（2011—2015年）》，就“十二五”时期加快发展全民健身事业，使广大人民群众充分享受体育健身带来的快乐，强健身心，提升幸福指数，促进人的全面发展，丰富群众的精神文化生活提出了一系列的方针政策和措施。新周期的《全民健身计划》明确将“深入开展全民健身宣传教育”作为重要工作措施之一，提出要通过“播发公益广告、宣传片、宣传画，出版科普图书、音像制品，普及知识，提高公民科学健身素养”。为落实这一措施，在有关部门的共同努力下，这套凝聚众多专家学者心血、旨在推动大众科学健身的《科学健身指导丛书》于今天面世了。

实施全民健身计划，增强全民身体素质，是一项利国利民、功在当代、利在千秋的宏伟事业，工作千头万绪，手段多种多样，但归其根本，我们在倡导全民健身的过程中要牢牢把握两条原则：生命在于运动，运动要讲科学。

我们这里所指的运动，是人民群众日常生活中以增进身心健康为目的、以身体活动为主要手段的体育健身活动，也就是俗称的体育锻炼。从人体本身来讲，只有不断的运动，才能保持生命的活力，更好地创造物质和精神财富，推动人类社会不断向前发展。自古以来，人们就不断研究和探索体育锻炼对人自身发展的作用和意义，在奥林匹克运动的故乡希腊,奥林匹亚阿尔菲斯河岸的岩壁上至今还保留着古希腊人的一段格言：如果你想聪明，跑步吧！如果你想强壮，跑步吧！如果你想健康，跑步吧！中国早在黄帝时期，即以“角觝、击剑、射御、蹴鞠、捶丸等体育活动来训练青年，而唐尧、虞舜、夏、商、周亦以拳术、投壶、剑术、弓矢、击壤等体育活动来强健国人体魄。可以说，从古至今，人类社会关于体育锻炼对人的身体、精神乃至对整个社会所产生积极作用的论述可谓汗牛充栋，现代社会更是将体育锻炼的综合价值和多元功能发挥得淋漓尽致。因此，我们在推广全民健身计划过程中，首先要号召广大人民群众积极参与健身、享受健身乐趣，体会生命在于运动的真正意义之所在。

在强调运动对于强健人类体魄具有重要作用的同时，我们还必须注重科学运动的重要性。每个人的性别、年龄、身体条件不同，健身项目、时间、运动量等也要因人而异，如果不尊重科学、不因人因地制宜，则健身效果不但不好，甚至会给身体带来伤害。随着现代科学技术特别是生理学、生物力学、营养学、医学、社会学等的发展，人们对体育锻炼的机理、功能和价值有了更清晰、更科学的认识，把这些认识用浅显易懂的语言表达出来，用于指导群众的体育健身活动是全民健身计划实施过程中的一项重要工作。本套丛书以全国群众体育现状调查、国民体质监测和国民健身指导系统等体育科研成果为基础，从健身机能评价出发，传授运动健身知识，使读者能够自主制订健身计划、身体力行，主动参与运动，进而达到增强体质和健康水平的目的，使运动健身成为生活中不可或缺的一部分。

丛书采取图文并茂、通俗易懂的形式进行编写，以满足群众增加科学健身知识，提高科学健身理念的需求，具有较强的科普性、实用性和通俗性，重在指导，便于操作，适用于不同人群在运动健身中作为参考。希望本套丛书的出版能为广大体育健身爱好者提供切实可行的健身指导，吸引更多的群众加入到全民健身的行列，为增强全民族身体素质做出应有的贡献。

刘鹏

2011年8月8日

《科学健身指导丛书》编委会

《“全民健身路径”锻炼指南》编写人员名单

主　编

杨永辉（山东师范大学体育学院）

副主编

王相英（山东师范大学体育学院）

编　委

杨永辉（山东师范大学体育学院）

王相英（山东师范大学体育学院）

张培福（山东师范大学体育学院）

刘东辉（山东师范大学体育学院）

于　莹（山东师范大学体育学院）

郑　鑫（山东体育学院）

张继波（山东财经大学体育学院）

王茂叶（山东师范大学体育学院）

丁　萌（山东师范大学体育学院）

刁玉翠（山东师范大学体育学院）

王银行（山东省田径运动管理中心）

李　卫（山东师范大学体育学院）

王增耀（山东师范大学体育学院）

前 言

“健身路径”兴起于20世纪80年代欧美经济发达的国家，多设在环境较好的公园、绿地、河边等处,每隔一段距离安装一种运动器械,各种器械之间有小路相连,故称为“健身路径”。在每种器械旁设有标牌,写明这种器械的名称、锻炼方法、主要功能、安全注意事项等,有的还标有动作图像、锻炼时的热能消耗及评分标准。这些器材的材料大多用木头或玻璃钢,其色彩与户外自然环境协调。人们在这种环境中锻炼身体是一种美的享受。1996年9月，在全面贯彻实施《全民健身计划纲要》的大背景下,位于广州的天河体育中心“多功能健身路径”成为我国首条健身路径。“全民健身路径”的建设，满足了广大人民群众日益增长的文化和体育的需求，推动体育协调发展、加强人与人之间的联系，促进社会文明程度，维护社会稳定。到2010年5月底，国家体育总局已投入体育彩票公益金6.4亿多元，资助全国各地建设“全民健身路径”1万多条，带动、引导各地建设“全民健身路径”15万多条。全民健身路径以占地小、投资少、简单易建、方便群众等优点受到广大人民群众的欢迎，是全民健身工程一道亮丽的风景线,为人们锻炼身体提供了很好的条件，已成为人们健身娱乐的好伙伴。

本书的编写在国家体育总局国民体质监测中心的大力支持下，组织了有关体育、健身等方面的专家，对“健身路径”的健身方法进行了研究。全书分为五章，主要从“全民健身路径”概述、“全民健身路径”器械的介绍、“全民健身路径”锻炼的相关知识、不同人群的“健身路径”锻炼方法、“全民健身路径”促进健康的锻炼方法等方面入手，对“全民健身路径”进行了全面的研究。本书图文并茂、简单易懂、讲究实用性，对群众科学、合理的使用“全民健身路径”有一定的指导意义，适合广大从事“健身路径”活动的健身者阅读。

本书由山东师范大学杨永辉教授担任主编、王相英副教授担任副主编，由国家体育科研所王梅负责统稿。参加本书编写的人员有：第一章，山东师范大学体育学院杨永辉教授；第二章，山东师范大学体育学院王相英副教授；第三章，山东师范大学体育学院王茂叶博士、丁萌博士、于莹副教授、王增耀；第四章，山东师范大学体育学院刘东辉、刁玉翠、山东体育学院郑鑫、山东财经大学体育学院张继波；第五章山东师范大学张培福、李卫、王银行。本书在编写过程中得到了山东师范大学体育学院刘涛书记、于涛院长的大力支持。另外，还要特别感谢姜智豪、牟珊珊、任丽、苏昊、袁铭泽等同学，他们为本书的图片采集付出了辛勤的劳动。

由于我们水平有限，加之时间仓促，不妥之处，敬请指正，以便再版修正。

杨永辉

2011年8月

目 录

第一章

"全民健身路径"概述

一、“全民健身路径”的概念

“健身路径”多设在环境较好的公园、绿地、河边等处，每隔一段距离安装一种运动器械，各器械之间有小路相连，是通往健康的道路。因为适合广大群众锻炼身体，故称“全民健身路径”。

“全民健身路径”在运动器械旁写明器械的名称、锻炼方法、主要功能、注意事项等，老少皆宜，部分器械还有动作图像、锻炼时的热能消耗及评分标准。这些器材的材料多为木头或玻璃钢，占地少，投资少，简单易建，可因地制宜，其色彩与户外自然环境非常协调。

二、我国“全民健身路径”的发展概况

“健身路径”兴起于20世纪80年代欧美国家，1995年，我国《全民健身计划纲要》的颁布为“健身路径”的发展提供了理论依据。为了贯彻、落实《全民健身计划纲要》，充分发挥体育彩票“取之于民，用之于民”的公益作用,原国家体委将1997年度体育彩票公益金的60%用于实施“全民健身计划”,主要在乡村社区中配建一批群众体育活动场地、设施（简称为“全民健身工程”），这是我国“全民健身路径”产生的历史背景。

1996年，位于广州的天河体育中心“多功能健身路径”成为我国首条健身路径，到2010年5月底，国家体育总局已投入体育彩票公益金6.4亿多元，资助全国各地建设“全民健身路径”1万多条，带动、引导各地建设“全民健身路径”15万多条。全民健身路径以占地少、投资少、简单易建、方便群众等优点受到广大人民群众的欢迎，是全民健身工程一道亮丽的风景线，为人们锻炼身体提供了很好的条件。

三、“全民健身路径”锻炼的作用

1. “全民健身路径”对增强人们体质有积极作用

“全民健身路径”作为增强体质的重要手段，能使健身者的身体机能和素质得到提高。适宜的健身可使身体消耗能量、产生适度的疲劳，适度的疲劳对健康是有益的。健身对机体有一定的刺激作用，目的就是通过身体有序而又和谐的活动，提高身体健康水平，发展身体机能和提高身体素质，最终实现防病祛病、延年益寿的目标。

“全民健身路径”的建设，满足了广大人民群众日益增长的文化和体育的需求，提高了国民体质和健康水平，提高了劳动者素质，培养全面发展的人才。适应建立社会主义市场经济体制，推动体育协调发展。科学的健身娱乐活动，能促进家庭和睦，加强人与人之间的联系，促进社会文明程度，维护社会稳定。

2. “全民健身路径”能满足不同群众的健身需求

“全民健身路径”应根据其科学性、实用性、趣味性、安全性原则，依据不同年龄、性别、身体状况制定不同身体素质的路径，如速度素质路径、力量素质路径、柔韧素质路径、协调素质路径以及综合素质路径。对于不同年龄群体，应设置强度大小不一的路径，以满足不同年龄层次群众的锻炼需求。

3. “全民健身路径”缓解了群众健身场所少的问题

国家体育总局局长刘鹏讲到，发展体育事业的根本是发展好群众体育，而提供充足的体育场地和设施则是发展全民健身的一个重要突破口。“全民健身路径”具有占地小、投资少、简单易建、建设时间短等特点，在一定程度上缓解了群众健身场所少的问题。为全面增强人民体质提供了便捷而有效的手段，为增强全民体质，构建和谐社会起到积极的促进作用。

第二章

“全民健身路径”器械的介绍

“全民健身路径”由功能不同的多个器械组合而成，但就其功能而言，基本上都可以满足群众对身体素质锻炼的不同要求。本章按发展身体素质的不同要求对“健身路径”器械、功效、锻炼方法、注意事项等分别进行了介绍。

身体素质是指人体肌肉活动的基本能力，是人体各器官系统的机能在肌肉工作中的综合反映，包括力量、速度、耐力、灵敏、柔韧等。人的身体素质好坏与遗传有关，但与后天的营养和体育锻炼的关系更为密切，通过科学的方法和适当的锻炼，可以从多方面提高身体素质水平。

一、锻炼力量的器械及功效

力量素质是指肌肉收缩克服阻力和对抗阻力的能力，是人体的基本素质之一，也是进行各项运动的基础。发展力量素质可以增强肌肉力量，使身体更加结实、丰满、匀称、健美，还有利于学习和掌握各项运动技术和技能，减少运动损伤。

锻炼力量的器械主要有臂力训练器、双杠、单柱双位腹肌板、单人健骑机、鞍马训练器、三位蹬力器、划船器、立式腰背按摩器和双位坐蹬等器械。

臂力训练器

功效：锻炼上肢肌群力量及身体耐力。

使用说明：两人分别站在转轮两侧，以不同用力方向推动转轮边缘，相互较力锻炼上臂肌肉（图2–1）。或一个人在转轮一侧用力转动转轮来增强臂力。

图 2–1

注意事项：

（1）使用前检查器材是否牢固安全，两人较力时，一方不可突然撤力，以免使对方失去平衡造成伤害。

（2）一般的力量锻炼，速度放慢一些，最好双人练习，但应该注意彼此配合，任何一方切不可突然加劲或泄力，以免使对方失去平衡而造成伤害。

（3）体质较弱或心肺功能较差的人不适合做半分钟以上的快速转动。

双杠

功效：能增强肩带肌肉群、手臂和腰腹力量，对发展人体上肢和腹背肌肉的力量有良好的作用。

使用说明：

（1）使用者在杠间双手正握跳上成支撑（图2–2），两腿前摆成分腿坐（图2–3），然后再进行双手在腿前或在后的分腿骑坐前进练习（图2–4）。

图 2–2

图 2–3

图 2–4

（2）使用者做双臂屈伸运动（图2–5）。

（3）双杠举腿：使用者双手握杠跳起直臂支撑，双腿提起与上体成90° （图2–6），然后再返回原位为一次。

图 2–5

图 2–6

注意事项：

（1）运动前请做好热身活动，以免发生损伤。当双臂感觉劳累时请立即停止训练，以防手臂支撑不住而掉下受伤。锻炼者在使用过程中若感到身体不适，应立即停止运动并咨询医生。

（2）使用前请检查器材是否牢固安全，使用者体重不可超过100Kg/人。要选择适合自己身高的双杠，儿童使用时须有成年人看护方可运动。

单柱双位腹肌板

◎功效：增强腰腹肌力量与弹性，消除腹部多余脂肪与赘肉，瘦身塑形。

◎使用说明：使用者坐在器械上，将腿部放于上横杆上,并用脚背勾牢下横杆（图2-7），然后双手交叉置于脑后躺在器械上（图2-8），利用腹部肌肉力量收缩坐起（图2-9），缓慢还原，重复多次进行练习。

图 2-7

图 2-8

图 2–9

注意事项：

（1）向后躺时请缓慢进行，以防碰伤。

（2）有严重腰脊椎病的人士慎用。有病理表现的人士应征得医生同意方可使用，使用时须有家人看护。

（3）儿童使用时须有成年人看护方可运动。

单人健骑机

◎功效：可以提高心肺功能和心血管耐受能力；提高上肢、下肢和腰腹肌的力量；改善人体关节的活动性。

上肢训练方法

◎使用说明：

（1）使用者以自然姿势坐在座鞍上，两腿踏住脚蹬，两手正握把手（图2-10）。

（2）使用者运动时两腿不用力，依靠两臂用力将把手拉向自己，使健骑机前轴和座鞍绕主轴产生折叠，直至两腿蹬直，并使身体尽可能伸展（图2-11）。

（3）使用者腿、臂放松，在自重作用下使健骑机回到初始位置，多次重复这一动作。

温馨提示：两手握把与肩同宽，保持挺胸；身体感觉轻松或者微微出汗为宜。

图 2-10

图 2-11

下肢训练方法`

使用说明：

（1）使用者以自然姿势坐在座鞍上，两脚踏住脚蹬，两手正握把手（图2–12）。

（2）使用者运动时两手不用力，仅扶住把手以保持平衡，两腿用力向下蹬脚蹬，使健骑机运动，直至两腿蹬直，以加大腿部的练习负荷（图2–13）。

（3）使用者身体放松，回到初始位置，重复这一动作。

温馨提示：身体感觉轻松或者微微出汗为宜。两腿向下蹬脚蹬时，一定要使两腿蹬直后方可放松，这样才能达到锻炼下肢肌肉的效果。

图 2–12

图 2–13

鞍马训练器

功效： 可锻炼上肢支撑力量、腰腹肌力量和下肢的弹跳能力及反应能力。

击掌俯卧撑

使用说明：

使用者由斜面支撑开始（图2–14），做手臂屈伸练习（图2–15），推手时快速击掌（图2–16）。

图 2–14

图 2–15

图 2–16

注意事项：

全身均匀用力，使身体保持绷直，击掌要迅速。锻炼过程中不翘臀，要完全依靠上肢力量完成俯卧撑，身体保持一条直线，动作规范。

侧向移动击掌俯卧撑训练方法

使用说明：

使用者由斜面支撑开始，做俯卧撑练习的同时，推手击掌，侧向移动呈俯卧撑，如此反复。以身体感觉轻松或略累为宜。

注意事项：锻炼前做好热身活动,此练习要在击掌俯卧撑的基础上进行。

支撑跳跃训练方法

使用说明：

使用者两手抓环（图2–17），向前屈腿跳过（图2–18、图2–19），落地后迅速跳回原地（图2–20、图2–21）。

图 2–17

图 2-18

图 2-19

图 2-20

图 2-21

注意事项：

重复次数以及速度的快慢可以自行掌握，支撑跳跃练习，不要勉强双向跳跃，开始时，可以单独练习向前跳跃，慢慢再单独练习向后跳跃，等到比较熟练后再合成前后双跳跃，比较安全。另外，落地时注意力要集中，屈膝收腿动作要快，落地要平稳，以防踝关节扭伤。另外，俯卧撑并交替击掌的练习难度和强度均较大，应该在做俯卧撑锻炼时，身体感觉很轻松的阶段，才进行这种锻炼，比较安全，当然也更能提高力量训练的功效。

三位蹬力器

功效：

增强腿部肌肉力量及下肢的运动能力。

使用说明：使用者坐上座椅，手扶把手，脚蹬挡管（图2-22），以自身为负重量，反复多次蹬（图2-23），锻炼5～8分钟。

图 2-22

图 2–23

注意事项：

（1）对下肢力量大的健身者来说，蹬力器的负重训练，显得运动量不大，锻炼时间需要适当延长一些，速度稍快一些，效果才会更好一些。在蹬踏时，快一些，收回时慢一些，也能增加锻炼的效果。

（2）练习之前务必检查器械是否牢固安全，蹬伸时腿部用力不可过猛，以免造成膝盖损伤。使用者体重不能超过100公斤，儿童不能使用。

划船器

功效：

可以有效增强腿、腰腹、上肢和腰背部的肌肉力量，同时还能改善人体的呼吸循环系统。

使用说明：

（1）使用者坐在坐垫上，两腿略微弯曲，两脚蹬住脚蹬，身体前倾，两手握住桨把，与肩同宽（图2–24）。

（2）使用者练习时模拟划船动作，身体上身向后仰，同时两手用力，将桨把尽力拉向自己（图2–25）。

（3）接着，使用者转换为将桨把向前推，同时身体前倾（图2–26），恢复到起始状态。

图 2–24

图 2–25

图 2-26

注意事项：

练习时腰、腹、背肌群要共同用力，通过周而复始的多次练习，才能达到预期的目的。在恢复起始状态时速度不要过快，应以身体感觉略累为宜，每周3～4次，每次3～5组，每组10～20次，组间休息2～3分钟。

练习时要注意养成合理深呼吸的习惯，即当身体后仰拉桨时，深吸气；当身体前倾推桨时，深呼气，尤其要避免出现憋气的用力动作。

立式腰背按摩器

功效：

放松背、腰部肌肉，消除疲劳，可增强腰部力量，按摩腰背部肌肉中枢神经系统。

使用说明：

使用者手扶把手，身体靠在按摩器上，沿上下（图2–27、图2–28）或左右方向（图2–29、图2–30）缓慢移动。

图 2–27

图 2–28

图 2–29

图 2–30

注意事项：

使用前必须检查器材是否牢固安全，高血压、心脏病患者慎用，儿童应在成年人监护下使用，旁观者需远离器械1.5米。用力的轻重、重点按摩部位均以个人感觉舒服为度，每次按摩时间灵活掌握，但最好2～3分钟以上。

双位坐蹬

功效：

可增强下肢及腰部力量。

使用说明：

使用者坐在器械上,手扶扶手,脚蹬踏板（图2–31），用力伸直腿（图2–32），然后缓慢还原。

图 2–31

图 2–32

注意事项：

练习之前务必检查器械是否牢固安全，运动时应穿运动鞋，动作宜缓，腿部不可用力过猛，以免伤及膝盖，背要靠紧靠背，将力量集中在腿部。

二、锻炼速度的器械及功效

速度是指人体快速运动的能力。神经系统的反应能力、动作的频率和动作幅度的大小，是影响速度素质发展的主要因素。速度素质对提高大脑皮质的反应能力和对身体快速指挥与协调能力，以及身体的灵活性等方面，具有重要的作用。

双位大转轮

功效：

可锻炼人体上肢肌肉速度，也可增强肩关节和脊椎的柔韧性与灵活性。

使用说明：

使用者双手握住转轮手柄，同时向顺时针或逆时针方向转动（图2–33）。

图 2–33

使用者双手握紧手柄，上体随着器械转动，以单脚为轴进行转体（图2-34~图2-36）。

图 2-34

图 2-35

图 2-36

注意事项：

使用前务必检查器械是否牢固安全，禁止攀爬或垂直拉动转轮，使用时转动转轮速度要适中，严禁用力过猛，以防身体受伤。

滚 筒

功效：

可提高下肢速度，增强下肢力量、柔韧性及灵敏性，提高腿部的有氧运动能力。

使用说明：

使用者双脚站于滚筒上，手握扶手，双腿正向或反向蹬动滚筒转动（图2–37、图2–38）。

图 2–37

图 2–38

注意事项：

（1）运动过程中，双手紧握扶手，以防摔下。
（2）开始时应缓慢进行，待适应后再逐渐加快速度。
（3）腿脚不灵便、患心血管疾病及高血压患者慎用。
（4）儿童锻炼时应有成年人监护。

三、锻炼耐力的器械及功效

耐力是指"健身路径"锻炼者长时间运动时，肌肉活动抗疲劳的能力。它是人体各器官系统机能和心理素质的综合表现，也是反映人的体质强弱的重要标志。耐力素质可有效地提高人体呼吸系统和心血管系统的功能，改善新陈代谢水平，增强抗疲劳的能力，还可培养坚毅、顽强等优良的心理品质。

悬挂攀高

功效：

增强上肢耐力和灵活性。

使用说明：

使用者以手代步交替前进（图2-39、图2-40）。

图 2-39

图 2-40

注意事项：

使用前必须检查器械是否牢固安全并做好热身活动，高血压、心脏病患者慎用，儿童应在成年人监护下使用，旁观者需远离器械1.5米。运动过程中，双手须紧握架环，以防摔下；行进速度不宜过快，缓慢一些更有利于对耐力的锻炼；对灵活性较差、心血管疾病及高血压患者，以及年龄较小的儿童，均不宜使用。

漫步机

功效：

持续活动可提高人体有氧运动能力、协调性和平衡性。

使用说明：

（1）扶杠漫步：使用者手握扶手，脚踏踏板，两脚前后摆动（图2–41~图2–43）。

（2）不扶杠漫步：使用者两手不扶扶手，脚踏踏板两脚前后自然摆动。

图 2–41

图 2–42

图 2-43

注意事项：

（1）本器械适用于10岁以上人员，体重不能超过器械的限制。

（2）摆杆摆动角度不易过大，摆动范围应在自己能控制的范围之内。

（3）摆杆摆动方向前后1米范围内禁止站人。

（4）锻炼者注意锻炼顺序，先学会方法1再学方法2。

四、锻炼柔韧的器械及功效

柔韧素质是指关节活动的幅度及相关肌肉、韧带等软组织的伸展性和弹性。锻炼时要注意避免损伤肌肉、韧带等软组织。锻炼柔韧的器械主要有双位浪板、环行压腿器、双人肩部活动器和踏步扭腰等。

双位浪板

功效：

能锻炼腰部肌群，增强身体的协调性和柔韧性。

使用说明：

使用者手扶两边把手，脚踩踏板，左右摆动（图2-44、图2-45）。

图 2-44

图 2-45

注意事项：

使用之前务必检查器械是否牢固，荡动时左右1米不许有人或障碍物，荡动幅度不要过大。有病理表现的人士应征得医生同意方可使用，使用时须有家人看护；儿童使用时须有成年人看护方可运动。锻炼者在使用过程中若感到身体不适，应立即停止锻炼并咨询医生。

环形压腿器

功效：

可提高踝、膝、髋关节的灵活性，扩展关节的活动范围，也可以作为运动前准备活动的器械，可以作为发展身体柔韧性的练习手段。

使用说明：

使用者站立在器械前，面向器械，在尽力保持身体平衡的条件下，抬起左脚或右脚，搁置在适当高度的横杆上，并慢慢地使该腿的膝关节伸直，上身向前倾压，以伸展相应的肌肉和韧带（图2–46、图2–47）。

图 2–46

图 2–47

使用者的支撑腿脚尖向前，称为正压腿，以伸展身体侧面的肌肉和韧带为主。

使用者如果背对压腿架，一脚反扣在压腿架上，一脚支撑，手叉腰下蹲，称为后压腿。

注意事项：

（1）锻炼者一定要保持身体平衡，锻炼时可以抓握相应参照物，以维持身体的平衡。

（2）锻炼之前请务必做好热身活动，以防突然用力造成肌肉拉伤，使用时应根据健身者的柔韧程度选择相应高度的压腿器。

双人肩部活动器

功效：

可增强肩带肌群力量，改善肩关节、肘关节、腕关节柔韧性与灵活性。

使用说明：

使用者双手紧握手柄，同方向或反方向缓缓转动圆环（图2-48、图2-49），重复动作。

图 2-48

图 2-49

注意事项：

（1）锻炼时请匀速转动，锻炼者在使用过程中若感到身体不适，应立即停止锻炼并咨询医生。

（2）当锻炼者超过三人时应主动排队，依次使用。

踏步扭腰

功效：

锻炼腿部及腰部力量和柔韧性。

使用说明：

使用者站在踏板上，做原地踏步登山运动（图2-50~图2-53），或左右转动腰部。

图 2-50

图 2-51

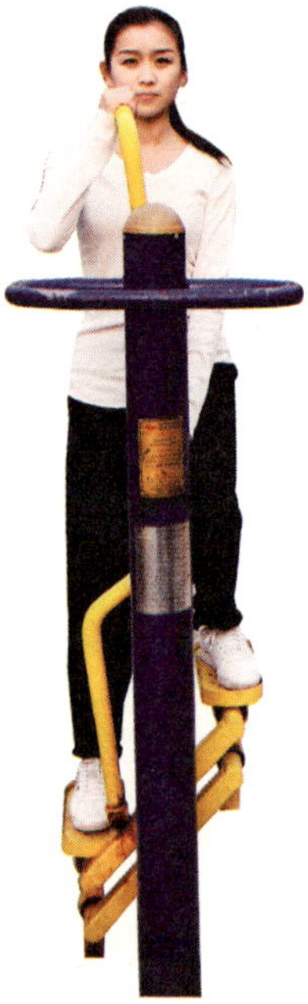

图 2-52

图 2-53

注意事项：

严格遵守操作规程，安全第一，使用前检查器材是否牢固安全，儿童必须在家长保护下运动，老年人应选择适合自己身体状况的器材使用。

五、锻炼协调性的器械及功效

协调能力是健身者机体不同系统、不同部位和不同器官协同配合完成技术动作的能力，是人体各肌肉群活动的能力。协调性可以帮助人们迅速、合理、机敏地完成任务。

秋　千

功效：

能提高身体的灵活性、协调性，增强腰腹肌肉力量。

使用说明：

使用者手扶吊索，坐在座板上，两脚蹬离地面随着秋千的节奏前后摇摆（图2–54）。

图 2–54

注意事项：

（1）儿童使用时，大人须在侧面保护。

（2）运动时注意防止碰撞到周围的人。

（3）秋千摆动前后2米内禁止站人。

（4）秋千摆动角度不大于45°（与立柱所成角度）。

吊桩

功效：

能提高身体的协调性和平衡能力。

使用说明：

使用者手扶铁链，脚踏吊桩从一端走到另一端（图2–55），反复练习。

图 2–55

注意事项：

（1）锻炼时身体保持正直，抓紧铁链。

（2）锻炼时确保吊桩周围至少1米范围内没有障碍物。

梅花桩

功效：

增强腿部的协调性和灵活性。

使用说明：

梅花桩有不同字母标注的桩柱，使用者在练习时可以根据字母顺序行进，如左脚踏标有“A”的桩柱，右脚再踏标有“B”的桩柱。也可按照自己随意设定的字母顺序行进，如自己编为“B” “A”，则左脚踏标有“B”的桩柱，右脚再踏标有“A”的桩柱。

图 2–56

注意事项：

（1）使用者体重不超过100千克/人，限1人使用。

（2）锻炼时请确保梅花桩周围至少1米范围内没有障碍物，以防失去平衡碰伤。

（3）锻炼时要注意身体直立保持平衡，重心要稳，双手可以打开维持身体平衡。

（1）锻炼之前请做好热身，热身时以身体微微发热为准。

（2）锻炼之前一定要活动一下腰部、脚踝、膝盖、手腕等重要关节，以减少运动损伤的发生。

第三章

"全民健身路径"锻炼的相关知识

一、运动服装装备

运动衣：选购运动衣要遵循运动和休闲兼顾的原则，选择具备吸汗功能的衣服，保暖和排湿功能应该放在首位。健身者只要选择穿上去轻巧、保暖、透气，摸上去手感顺滑、细腻的运动衣就可以了。运动衣应选择那些透气性相对较好的服装材质，如聚丙烯等。尤其是在运动内衣的选择上，更要注意。

穿纯棉衣物是否适合锻炼

为了摆脱大量汗水淤积在皮肤表面难受的感觉，不少人认为应该穿着“舒适透气”的纯棉服装。但事实上纯棉质地的服装只能吸汗并不透气，不适宜运动时穿着。另外纯棉衣物吸汗后保暖性差，人体可能会因温度的变化而生病。而聚丙烯有利于保持皮肤干燥清爽。

运动鞋：在健身运动过程中运动鞋很重要，选购鞋子时应注意鞋底要厚、柔软、弹性好，最好能有气垫。鞋子的大小最好选略微大一些的，穿进去脚趾能弯曲为好。对于健身运动，一般购买两三双普通运动鞋、休闲鞋或者是平底宽口鞋即可。

二、“健身路径”的健身环境

“健身路径”的环境包括“健身路径”的地理位置、季节、天气和“健身路径”的活动场所。

地理位置

包括正常的海拔地区和高海拔地区。一般认为海拔高度在1000米以上的地区即为高海拔地区。在高海拔地区健身时，如果出现明显乏力、反应迟钝、出冷汗、心慌、虚脱感等症状，应立即停止锻炼进行休息，必要时应就医。在正常的海拔地区，空气中氧气丰富，健身时可适当增加运动强度进行锻炼。

季　节

不同季节的运动特点与建议：

季节	春天	夏天	秋天	冬天
特点	天气转暖 空气对流强 质量佳，但风天多	气温高 阳光足 出汗多	气温降低 气候干燥	气温低 气压低 空气质量差的天气多
运动建议	春天是发展身体机能和素质的最好时期，合理安排健身内容与营养膳食	避免因出汗过多导致身体脱水，注意补充水和钾钠。勿在阳光直射下健身，最好选择日出后2小时以内健身	身体机能处于上乘状态，机能能力和素质处于较好时期，健身强度、频率、时间要比夏季有所增加	健身应以保持身体机能不下降为准则，强度和时间应比秋季相对减少，要注意保暖，防止冻伤

天气

雨天空气中会产生大量的负离子，雨水净化空气，空气质量比其他天气好，注意健身后要及时更换新衣，防止感冒。风天空气中的悬浮尘埃多，空气质量差。如果风力在六级以上，应取消健身。雪能覆盖地面上的尘埃和病菌，使空气更清新。在雪中进行健身锻炼，可以陶冶情操，有亲近大自然的感受。但在健身过程和健身的路上，要注意防滑。雾天大气压低，空气中悬浮着小水晶体，小水晶体粘附着大量的细菌、病毒及各种有害物质，因此雾天要取消健身锻炼。

三、“健身路径”器械使用前的安全检查

“健身路径”器材集便捷、科学和娱乐于一体而受到市民的喜爱，但由于暴露在露天，日积月累的损耗及缺乏必要的维护，一些公共健身器材有不少破损，成为市民锻炼的安全隐患。对于“健身路径”器材的使用必须贯彻“安全第一”的指导原则。使用“健身路径”器材之前，必须对其进行检查，检查器材是否清洁，是否松动、存在裂痕等不安全的隐患。只有确保健身器材的清洁、完好无损，才能保证使用者能够安全的进行体育锻炼，以达到增进健康、增强体质的良好效果。

四、健身路径锻炼的注意事项

（1）利用自然界的天然因素进行户外锻炼时，必须及时注意天气变化。寒冷刮风天气、风雪天气、下雨天、大雾天等恶劣天气，不要在户外停留时间过长。

（2）注意运动着装，要穿柔软、轻便、吸汗能力强的服装，鞋要轻便，不宜太紧或太松。在寒冷的天气里，在不影响运动的情况下，可戴上帽子和手套。

（3）注意对运动项目、活动内容的选择。要根据个人的年龄特点、身体状况、爱好及客观条件来确定运动项目或活动内容。

（4）体育锻炼前，应进行充分的准备活动，使身体发热，尽快把身体各部器官动员起来，以适应运动状态。这对发挥基本素质及原有的运动

技术水平，以及防止运动创伤具有重要的意义。

（5）剧烈运动后不要马上停下来，运动后要注意放松和整理活动。这样不仅有助于疲劳的恢复，还可防止"重力休克"和运动性晕厥。

（6）对已发生的运动损伤，最好暂停该部位的锻炼及户外运动，否则受伤的组织得不到及时的休息，伤势也容易加重。

（7）健身锻炼要注意科学性，多读一些有关健身及相关方面的书籍，做到因人而异，有计划、有步骤地进行，更要注意遵照循序渐进的原则进行。

（8）良好的生活习惯是长期进行体育锻炼的保障。要早睡早起，保证充分的休息与睡眠，养成良好的健身锻炼的习惯，要注意饮食和营养，饭前和饭后半小时内不要进行剧烈的体育运动，否则容易造成低血糖症和肠胃功能紊乱。

五、合理安排和调节"健身路径"的生理运动负荷

合理安排运动量就是正确安排练习的强度、持续运动时间、重复次数和密度。

1. 健身的强度

练习的强度是决定健身运动效果的关键因素。健身的强度大小与练习的目的和健身者年龄有关，并且具有个体差异性。

练习目的	强度大小
改善运动器官机能	强度相对较大，一般都要抗阻力
改善心血管和其他组织机能	强度相对较小，一般都不抗阻力
提高机能	超强度
保持机能	最大强度
减慢机能衰退的速度	最好为最大强度

同一个体在一生中能够承担的最大强度，在生长发育期应随年龄的增加而增加，生长发育停止后应随年龄的增加而减少。在同龄人中，不同人体能够承担的最大强度有明显的差异。一种强度对一些人可能是中小强

度，而对另一些人则可能是最大强度，甚至是超强度。老年人不宜采用最大强度进行锻炼。在健身运动中，改善心肺功能或有氧运动采用中等强度运动较好。

2. 持续锻炼的时间

人体的任何组织和器官都有惰性，不可能肢体一动就能使它们的机能活动从安静时的低水平达到相应强度的活动水平或最高水平。并且在达到相应强度的活动水平或最高水平后，还要继续运动一定时间，效果才最好。因而任何练习都要持续运动一定的时间。如果持续运动时间太短，人体机能活动就不会达到相应强度的活动水平。这样锻炼效果差，提高和保持机能也完全达不到目的。但持续运动时间也不是越长越好，超过一定限度，人体的机能就要下降，如果仍坚持强度不变继续运动，就为超负荷，继而成为过度负荷。最大强度和超强度运动时，尤其容易发生过度负荷。所以，持续运动时间是决定健身运动效果的第二个因素，太短和太长都不利，必须要适宜。

由于健身运动一般都不发展耐力，所以在改善运动器官的机能时，持续运动时间较短，根据是否抗阻力，一般可以重复4～12次。抗阻力越大，重复次数越少，相反则较多。改善心血管和其他组织的机能时，持续运动时间则较长，一般不能少于5分钟左右。若采用最大有氧强度运动，在达到最大值后可以保持4～5分钟，总的运动时间可以为10分钟左右。例如，德国向全国推广的“积极锻炼－130”计划，就是每天运动10分钟，使心率达到每分钟130次（60岁以上的人应减少）。持续运动时间还与运动强度、年龄有关，并有个体差异。运动强度越大，持续时间越短，相反就越长。在生长发育期，持续运动应随年龄的增加而增加，生长发育停止后应随年龄的增加而减少。在同龄人中，不同的个体也可以有明显的差异。但是，同一个体，一旦适宜的持续运动时间确定后，在一定时间内，一般都不要改变，运动量的大小通过改变强度和重复次数来调整。

3. 锻炼的重复次数

重复次数是决定健身运动效果的第三个因素，但重复次数也不是越多越好，必须适宜。重复次数不仅包括每次运动时一种练习手段重复练习的次数，还要包括一周内运动的次数。重复次数的多少除了与健身的具体目的和年龄有关，还与个体差异有关。在一次运动中，为了改善运动器官的机能，持续运动时间短，一般都要重复；改善心脏血管和其他组织的机能，持续运动时间长，年轻人可以重复，中年人可以不重复。其中，提高机能重复次数越多，保持机能则越少，另外减慢机能衰退的活动可以不重复。在同龄人中，不同人的重复次数可以有明显的差异。一般认为最好每天一次，也有资料提出不能少于3次。对不同个体应该有差异，需要通过实践来确定适宜的重复次数。

六、"健身路径"锻炼的心理效应

人的生理和心理是密切联系的，心理对生理的影响是很大的。现代医学认为，大脑皮质活动与内脏活动密切相关，正常的心理活动与身体健康是密不可分的。良好的心理状态对生理病理过程有巨大的调节作用，它可促使神经中枢系统、内分泌系统、免疫监护系统的相互协调，对维护机体健康起着重要作用；而不良的心理因素会影响生理过程，使机体的某些器官、组织出现障碍，从而导致疾病的发生。所以在强调生理负荷的同时，还要注意心理效应的大小。

1."健身路径"锻炼的心理效应

如果健身者在运动中或运动后产生良好情绪，那么我们就可以说这个锻炼产生了良好的心理效应。健身者能否从锻炼中获得良好的情绪，受诸多因素的影响。健身锻炼中，无论是一次锻炼还是长期的锻炼过程，均需要考虑心理效应及心理效应的累积。良好心理效应是一次锻炼和长期锻炼的统率和贯通。健身者应根据自己的年龄、身体状况、运动能力等因素，有选择地进行体育活动，以帮助达到身体和心理健康的目的。

2. 健身时心理疲劳的调节

心理疲劳不仅降低工作效率，而且对心理健康也有很大的影响。过度的心理疲劳，无异于对生命的透支。在健身过程中，要防止和解除心理疲劳。

一要注意劳逸结合。适时参加一些体育健身锻炼，以提高机体的活力、精力和人体在应付复杂枯燥工作时的适应能力。从而避免因从事的活动过于单一而产生单调、消极的心境。同时，每天尽可能保证 7~8小时的睡眠，这对消除疲劳有明显的效果。工作安排要合理，生活要有规律，重视积极性休息。

二要培养对“健身路径”锻炼的兴趣。兴趣的产生与大脑皮质上的兴奋点相联系，对从事感兴趣的健身活动不易产生疲倦。在健身过程中如果发现自己对“健身路径”和部分练习器械不感兴趣，应想办法努力培养自己的兴趣。

三要有一个客观正确的要求。要解除心理疲劳，人对自我要有一个客观正确的估计和要求，不能对自己要求过高过急，凡事要讲求一个适度，根本办不到的事不要硬撑蛮干，避免长期超负荷运转。

四要创造和谐的人际环境。在“健身路径”锻炼过程中，由于器械、紧张等原因，容易产生摩擦，因此在锻炼过程中应与人为善，和亲友、同事等处好关系。经验表明人只有生活在融洽、快乐的气氛中，才能有愉快的心境、开朗的性格、健康的身心，才不易产生疲劳，即使感到疲劳也容易很快消除。

五要磨炼意志。无论从事什么活动，一定要确立行动的目标，这样才能不断激励自己，以取得预期的成功。平时要从小事做起，培养胜不骄、败不馁，百折不挠的顽强意志。

当意识到已经产生心理疲劳时，应该注意休息、营养和自我调节，必要时去求助心理医生，帮你重新获得旺盛的精力，维护自己的身心健康。

此外，一旦陷入紧张的心理疲劳，可通过按压劳宫穴来解除。在手掌心的第2掌骨和第3掌骨之间偏于第3掌骨外，劳宫穴在握拳屈指的中指尖处。也可以说劳宫穴在手掌正中的凹陷处。当人心理疲劳时，心包经的功能就会紊乱，进而会引起全身的植物神经失调。所以用对侧的拇指按压劳宫穴，可有消除心理疲劳之功效。

七、“健身路径”健身过程的监控

1. “健身路径”健身过程中的自我监控

在“健身路径”锻炼中自我监测的指标有体重、心率、饮食情况、睡眠情况、疲乏程度、呼吸频率等。

体重：在健身运动过程中，可每周测量体重1～2次，最好在同一时间测量。一般刚开始锻炼的人，3～4周后体重逐渐下降，随后体重会相对恒定在一定水平上。如果体重呈“进行性”下降，可能是运动过量或有潜在性疾病，应及时查明原因。

心率：通过测心率可以获知运动中心脏的负荷情况。如果心率每分钟不超过120次，说明运动量适宜；假若每分钟达130～140次，说明已超量，应减少运动量。运动中心率应保持每分钟不超过110次，如出现心率次数减少或脉律不整齐，应立即停止锻炼，并及时就医。一般健康锻炼者运动后3～5分钟，最多10分钟，心率应恢复正常。如不能及时恢复，说明运动量大了，应予调整。

饮食情况：锻炼者通过适当运动，可增加胃肠消化功能，增强食欲，食量稍增。如食欲下降，需考虑运动项目和运动量是否合适，进行适当调整。

睡眠状况：锻炼者通过适当运动，一般都会改善睡眠，睡得香一些。若通过一段时间的锻炼，失眠加重，并出现腰酸体痛的现象，则应考虑运动是否过量，及时进行调整。

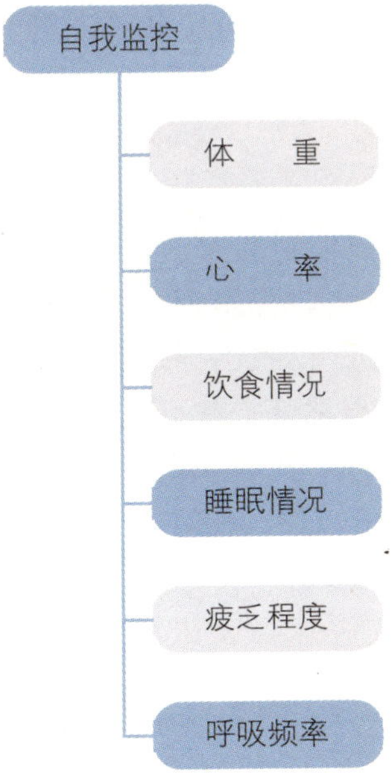

疲乏程度：锻炼者在运动后，特别是开始锻炼后，会有轻重不等的疲乏感，而随着锻炼的经常化，适应性增强，疲乏感会随之渐渐消失。如果健身者在锻炼一段时间后，不仅不觉得轻松愉快、精力充沛，反而感到困乏越来越重，甚至产生厌倦感，这说明运动量过大，应适当调整。

呼吸频率：在健身运动过程中，由于需氧量增多，呼吸会稍快一些，属正常现象。但不可过快，以不超过每分钟24次为宜。运动中出现频繁咳嗽、喘气、胸闷和呼吸困难，则应减少运动量或停止继续运动。

2. 客观监控

一种是在健身锻炼时，运动负荷是否适宜，一般可以采用心率法，还必须因人而异，因材施练。一般是预期的最大心率HRmax=220–年龄。也有用HRmax=210–年龄。测定运动后恢复期脉率：通常人们测运动后即刻脉率误差会较大，此时测运动后恢复期脉率则可反映健身时的强度。

健身强度	脉率评价标准
小运动强度	运动后5～10分钟内脉率恢复
中等运动强度	运动后5～10分钟脉率高2～5次/10秒
大运动强度	运动后5～10分钟脉率高6～9次/10秒

另一种更为简便和容易控制的方法是自感劳累分级法RPE（Rating of Perceived Exertion）。健身过程中,往往可把测心率法和自我感觉法结合起来进行控制,即先通过测心率,找出相对应的用力感觉,这样健身运动过程中不需要停下来,直接通过自我感觉就可以调整运动强度。一般老年锻炼者的RPE指数宜在11～13之间。此时感觉较轻松,略有气喘,无汗或微汗,谈话不受限。青壮年锻炼者RPE指数宜在12～15之间。此时感觉少费力，有气喘，出汗，谈话能进行但略受限。

RPE（劳力指数表）

RPE指数	自觉分级	其他参考指标	对应心率强度
6 7 8	非常非常轻松		
9 10	很轻松	无气喘无出汗，可边运动边轻松交谈	< 40%储备心率 （ < 50%最大心率）
11 12	较轻松	略气喘无出汗，可边运动边自然交谈	50%储备心率 （60%最大心率）
13 14	稍费力	气喘，畏寒，运动时对话基本不受限	50%储备心率 （70%最大心率）
15 16	费力	气喘，出汗，运动时对话略受限	50%储备心率 （80%最大心率）
17 18	很费力	气喘，多汗，运动时对话困难	50%储备心率 （90%最大心率）
19 20	非常非常费力		> 90%储备心率 （ > 90%最大心率）

3. 心理监控

心理疲劳是由长期的精神紧张、压力、反复的心理刺激及恶劣的情绪逐渐形成的。主要表现为心情烦躁，注意力涣散，思维不敏捷，反应迟钝等。心理疲劳若超越了个人心理的警戒线，各种疾病就会乘虚而入，从而影响健身锻炼，并在心理上造成心理障碍、心理失控，甚至精神失常；在身体上则会引发多种心身疾患。当心理方面出现功能障碍时，会表现为紧张不安、动作失调、失眠多梦、记忆力减退、注意力涣散、工作效率下降等等。

八、"健身路径"锻炼者的营养补充

营养不良不仅能使人体的各项生理功能下降，还能降低人体对外界环境变化的适应能力和防御外界有害物质侵入的抵抗力，甚至可以成为某些疾病的致病因素。营养和健身两者科学配合，可以更有效地促进身体的生长发育和提高健康水平，这是维持和促进人体健康的重要因素。因此，在健身活动过程中，必须有适当的营养保证。

（1）提供足够的热能，但不要过剩。根据机体的能量消耗来确定其摄入量，使消耗量与摄入量达到基本的平衡状态，其是否平衡可通过食物发热量和人体能量消耗的计算来判断，体重的变化也常用作一般的估计。

（2）食物中蛋白质、脂肪、糖三者要有合理的比例，一般认为膳食中的脂肪比例应较低，对于长时间活动的耐力等项目,膳食应适当提高糖与脂肪的比例。

（3）提高维生素的含量，适当供给无机盐。健身锻炼对维生素的需要量增加，可使维生素缺乏提前出现，导致运动能力下降，容易疲劳，免疫力减弱，所以要提高维生素的摄入量，但应保持适宜的比例，才能使各种维生素在体内发挥良好作用。

（4）注意饮水卫生。运动中或运动后，一次不要饮水过多，应采取少量多次法补充。一般来说，口渴的感觉是确定是否出现脱水的最早和最有效的主观指标。当感到口渴时，人体水分的丢失已经达到体重的3%，即已处在轻度脱水的状态。为了防止更严重的脱水情况出现而影响身体健康，健身中应在出现明显口渴感觉前就适量补充水分。

（5）进餐时间必须和健身时间有一定的间隔，并且要有一定的规律，否则将会引起消化机能的紊乱。各项健身运动对机体的影响不同，体内物质代谢过程如肌肉能量的来源，肝糖元和储备脂肪的利用量等均有所不同。所以在安排营养时，应该注意不同健身项目的营养特点。

健身项目	代谢特点	营养特点
强度大的项目	高度缺氧 负有氧债 蛋白质合成受影响	主要由糖的无氧酵解供应，脂质几乎不分解，形成大量的酸性产物。其营养特点应当是负荷体内能源物质迅速被动员，使ATP及磷酸化合物合成加速。膳食中应当含有丰富而容易吸收的糖、维生素C、维生素B族、磷、镁及铁等营养素。此外还应供给含蛋白质丰富的食物，应适量增加蔬菜和水果的供给
中等强度的耐力项目	代谢比较稳定，能量消耗与合成基本处于平衡状态	糖无氧代谢逐渐为有氧氧化所取代，运动时总热能消耗较大，热能来源于肝脏与肌肉中糖元的分解。因此，食物中应有适量的脂肪以缩小食物的体积，减轻胃肠道负担
投掷等力量性项目	体内蛋白质代谢较快	肌肉蛋白质增长的需要，对蛋白质要求较高，其供给量每日每千克体重可达2.5g，蛋白质发热量应为总热量的15%～20%，其中优质蛋白质应占1/3

九、健身效果的自我检测

1. 测测你的平衡能力

测试方法：单脚站立，脚跟离地，双臂和另一腿向前伸直。
合格标准：能坚持10秒为合格。

2. 测测你的爆发力

测试方法：脚尖位于线后站立，尽力向前跳，不能助跑或垫步。

合格标准：男性应大于等于身高加15厘米为合格，女性应大于等于身高为合格。

3. 测测你的灵敏性

测试方法：放两纸团于1.5米远处，跑去捡取第一个纸团，然后返回原处。再捡取第二个纸团，返回原处。

合格标准：5秒内完成。

4. 测测你的柔韧性

测试方法：坐在地上，一腿伸直脚蹬墙面，另一腿膝关节屈，髋关节前屈，3次热身后，前屈身体用拳头触墙，然后换另一条腿再做。

合格标准：每一条腿伸直时拳头都能触墙。

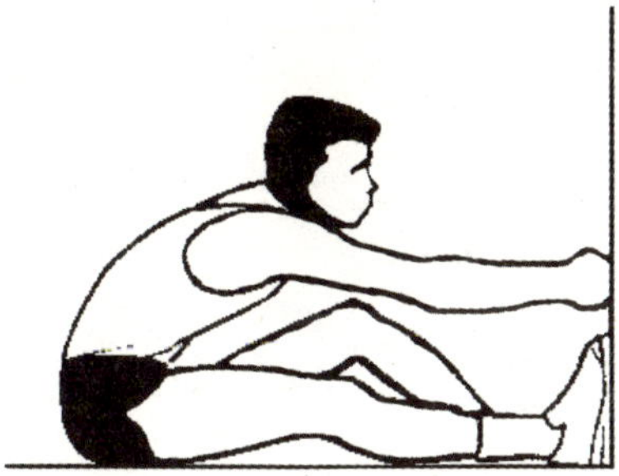

5. 测测你的肌肉力量

测试方法：脸向下俯卧于地面上，双手在肩的垂线之下，保持腿和身体的挺直，用力推起直至上臂充分伸展。

合格标准：女：重复1次为合格，男：重复3次为合格。

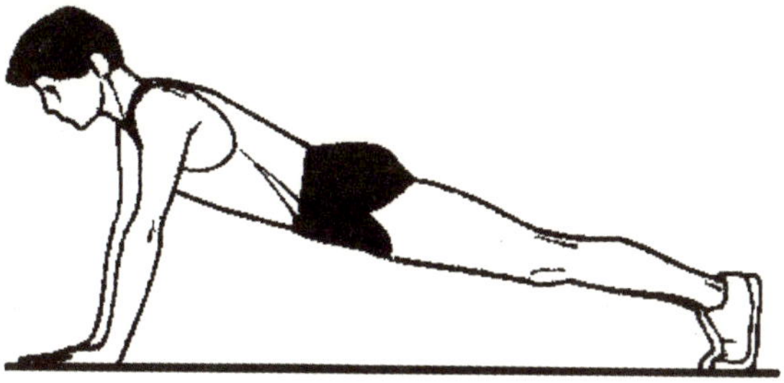

6. 测测你的肌肉耐力

测试方法：侧躺于地板上，侧举腿至双脚分离至60～90厘米，保持膝、骨盆向前（不能转动将膝和骨盆朝向天花板）。

合格标准：每条腿侧举10次为合格。

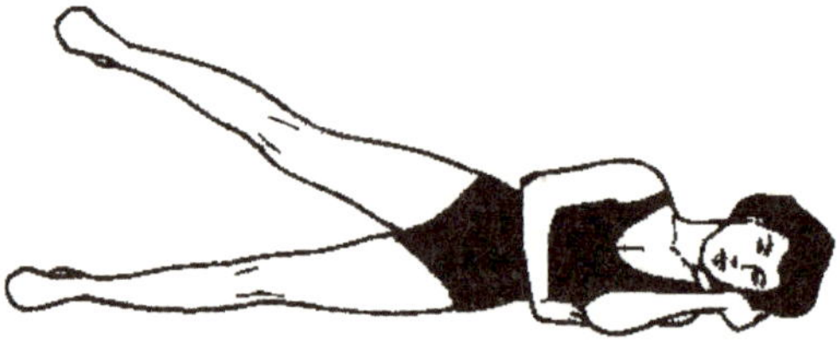

7. 测测你的反应时

测试方法：测试者拿一张纸置于受试者的拇指和食指之间（指间距小于2.5厘米），手的上缘与纸的上缘的距离为手掌宽度。当测试者松手时，受试者迅速将纸捏住（注意：手不能随纸移动）。

合格标准：纸不落下为合格。

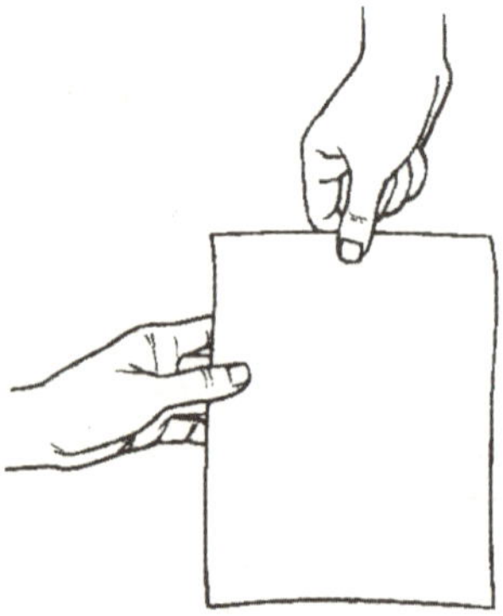

8. 测测你的协调性

测试方法：用一张纸做一纸团，在两手之间抛来抛去，保持手掌张开并掌心向上。

合格标准：完成6次（每只手3次）。

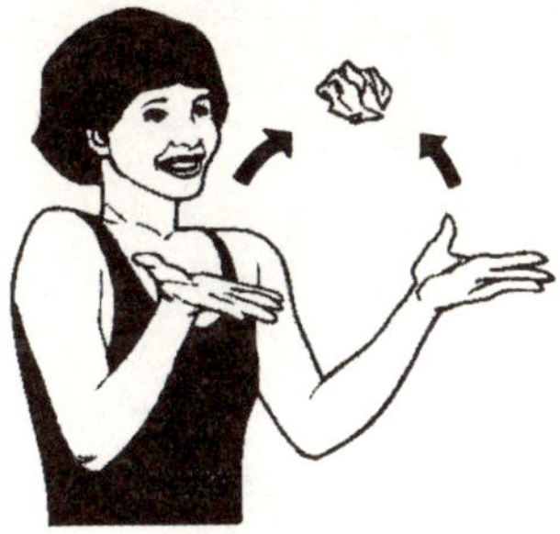

9. 测测你的心率

测试方法：原地跑1.5分钟，速度为120步/分钟，休息1分钟，然后数30秒心率。

合格标准：心率小于等于60次/30秒。

10. 测测你的动作速度

测试方法：两脚分开，跳起，迅速叩击脚跟两次，落地时两脚至少分开8厘米。

合格标准：完成动作。

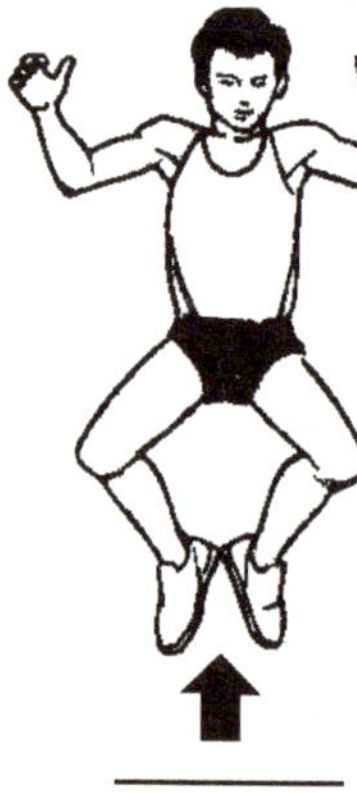

11. 测测你的心血管适能

测试方法：原地跑1.5分钟，速度为120步/分钟，休息1分钟，然后数30秒心率。

合格标准：心率小于等于60次/30秒。

第四章

不同人群的“健身路径”锻炼方法

健身锻炼已成为了现代体育锻炼的重要特征。“健身路径”的健身方法一般包括以下六部分：健身目的、健身种类、健身强度、持续时间、健身频度、健身注意事项及微调整。健身方法的种类可以分为全身运动(包括有氧运动、间歇训练、无氧运动)、局部肌肉运动、循环训练、康复性活动等。在上述健身种类中，有氧运动最易于被接受。以增进健康为目的的有氧运动应考虑以下三个条件：恒常运动；有一定节律的持续运动，无呼吸紊乱、憋气现象；近于全身运动，不是局部运动。在进行运动时要注意运动强度的把握，可用目标心率来监控。对于老年人可以根据情况酌情制定健身方法，但需要好的自我监控能力。健身活动必须以安全、科学和有效为前提，其中最为重要的是安全，否则，健身活动也就不称其为“健身”了。

一、不同人群的年龄划分

联合国世界卫生组织最近提出新的年龄分段如下：

44岁以下	青年人
45～59岁	中年人
60～74岁	年轻老年人
75～89岁	老年人
90岁以上	长寿老人

这种年龄段的划分，把人的衰老期推迟了10年，对人们的心理健康和抗衰老意志将产生积极影响。

二、不同人群的适宜“健身路径”

1. 儿童少年适宜的“健身路径”

（1）适合儿童进行热身练习的器械：漫步机、滚筒、跑步机等。

（2）适合儿童进行柔韧性练习的器械：环形压腿器、转腰器、伸腰伸背器、双人肩部活动器、推揉器、下腰器等。

（3）适合儿童进行力量练习的器械：臂力训练器、单人健骑机、攀岩器、骑马机、仰卧起坐平台等。

（4）适合儿童进行协调性练习的器械：平步机、荡板、儿童秋千、踏步扭腰等。

2. 成年人适宜的“健身路径”

（1）适合成年人的热身器械：漫步机、滚筒、跑步机等。

（2）适合成年人的柔韧练习器械：环形压腿器、上肢牵引器、伸腰伸背器、扭腰训练器、双人肩部活动器、大转轮等。

（3）适合成年人的力量练习器械：俯卧撑架、划船器、举重器、手攀云梯、双杠、双位腹肌板等。

（4）适合成年人协调性练习的器械：平步机、双位荡板、椭圆机、踏步扭腰等。

三、不同人群的“健身路径”锻炼方法

不同人群的健身方案要在科学合理的基础上形成个性化，全部规范化也许会失去个性化和机动性。利用“健身路径”进行体育锻炼时，科学的方法是将这些器材设施进行适度组合，综合发挥提高身体机能的作用。

健身组合的原则

"健身路径"中进行组合练习的基本原则是：先进行柔韧性练习，再进行力量性练习；先进行力量性练习，再进行耐力性练习；先进行轻阻力、小负荷练习，后进行大阻力、大负荷练习。锻炼时也可按照身体部位练习。

每次训练都要有一定的顺序，先是热身运动（准备活动），然后是正式运动和放松整理运动。

热身运动 ——→ 正式运动 ——→ 放松整理

在冬天或环境温度低时热身运动尤为重要。在锻炼时一定要把各个关节活动开，以略微出汗为好。在正式健身过程中，有氧运动时要注意与呼吸相配合；若减肥则要安排多组少次数，若健美则应少组多次。大强度短时间训练有利于发展力量和速度，中小强度长时间训练有利于发展耐力。刚开始锻炼的练习者，为了保证安全，使用前除了看器械说明外，还要注意自己的年龄和身体状况等诸多因素，最好在医师、教练员的指导下练习。通过持之以恒地锻炼，方能强身健体，达到预期的目的。

冬季锻炼下午时间最佳

人体活动受"生物钟"控制，按"生物钟"规律来安排运动时间，对健康更有利。据最新研究表明，冬季锻炼下午时间最佳。冬季健身在14:00~19:00之间进行比较理想。此时，室外温度较高，人体自身温度也较高，体力充沛，容易进入运动状态。14:00~16:00是强化体力的好时机，肌肉承受能力较其他时间高出50%。17:00~19:00，正是太阳西落时，人体运动能力达到最高峰，视、听等感觉较为敏感，也适合健身。

在整个锻炼过程中应注意反应、速度、柔韧性、协调性等方面的全面发展，弥补其中不足。因此，除了进行常规器械训练外，还要进行必要的辅助练习，如散步、健美操、体操、游泳、舞蹈及棋牌类的活动。这些内容可选择性地进行，结合自己的薄弱环节有针对性地进行辅助性练习。与此同时，锻炼的意义重在形神合一，一个只有强健的肌肉而语言粗俗行为鲁莽的人是不完美的。练习者在锻炼时，尤其要注意对自己精神世界的修炼，把自己锻炼成一个身心健康的人。

1. 适合儿童、青少年的“健身路径”锻炼方法

儿童、青少年一般是指6～25岁的人群，儿童期一般是五六岁到十一二岁，少年期为十一二岁到十六七岁，青年期为十七八岁到二十四五岁。儿童少年正处于身体发育期，在健身锻炼方面应根据其生理特点合理安排健身路径内容。主要目标就是促进身高的增长、增强体质、塑造体形，提高智力和心理素质，健身过程中要避免运动性损伤。

儿童少年不宜在硬地上活动

儿童少年脊柱生理弯曲较成年人小，缓冲作用较差，故不宜在坚硬的地面上反复的跑跳。长时间在硬地上活动，容易引起过早骨化和骺软骨的损伤，从而影响骨的正常发育。同时要避免过多地从高处向地面跳下的运动，防止造成骨盆发育的变形。12～15岁时，肌肉生长和力量增长速度较快，可采用一些较轻的抗阻力练习来发展肌肉力量。

（1）儿童少年“健身路径”的锻炼方法。儿童少年的生长发育状况是成年健康的基础。安排儿童少年的“健身路径”时，要充分考虑儿童少年的生理特点和心理特点，注重形式的多样性，应以动力性力量练习为主，做适宜的静力性练习。要注意全面身体练习、发展小肌肉群力量练习和耐力练习。在选择“健身路径”时要注意以柔韧、有氧运动为主，以力量运动为辅，科学地利用户外健身器械，避免意外伤害，这将会促进青少年生长发育速度。健身器械锻炼要以游戏为主，在成人陪护下，可经常锻炼柔韧、攀爬、跳跃、秋千等器械项目。在锻炼身体的同时也要培养爱好运动的兴趣和习惯。10～14岁阶段，为儿童少年生长发育的快速增长期，在这个增高的关键时期，利用攀爬、引体向上等健身路径器械，可有效地刺激骨骼生长和增厚，促进身高增长。健身路径一般在室外，日光照射可以使皮肤合成维生素D，有利于钙、磷代谢，加快血液循环，新陈代谢旺盛，生长激素的分泌增多，使骨骼、肌肉得到更多营养，促进儿童少年的生长发育。

锻炼方法1

漫步机
双腿缓慢摆动40次约5分钟

环形压腿器压腿5分钟

仰卧起坐平台
仰卧起坐20次×2组约5分钟

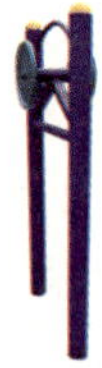

臂力训练器用力
转动转轮10次×2组

儿童双人秋千约5分钟

锻炼方法2

漫步机或慢跑约5分钟

骑马机
（双臂做伸缩运动20次×4组）
约10分钟

伸腰伸背器
（腰背部后靠在弯曲板上向后坐伸展运动30次×3组）
约10分钟

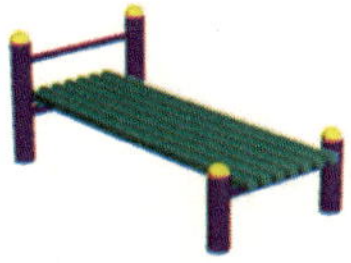

仰卧起坐平台
（卷腹10次×3组）
约10分钟

锻炼方法3

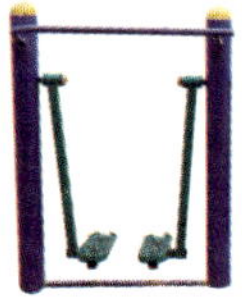

漫步机或慢跑约5分钟

自重式划船器
（双臂做划船式运动
20次×2组）

背腹肌组合器
（在腹肌板做卷腹20次、背肌
板上向后推动按摩套20次）
约10分钟

双仰卧板肋木架
（悬垂举腿屈腿膝触胸及
仰卧起坐各20次）

伸腰伸背器
（腰背部后靠在弯曲板做
伸展运动30次×3组）

锻炼方法4

漫步机或慢跑约5分钟

双联伸展器
（向后拉伸腰部肌肉
20次×2组）
约10分钟

仰卧起坐平台
（做卷腹20次×3组）
约10分钟

四联康复器
（坐式旋转、臂力回旋、
仰卧反收腹各30次）
约10分钟

伸腰伸背器
（腰背部靠在弯曲板上
坐伸展运动30次×3组）

锻炼方法5

漫步机或慢跑约5分钟

椭圆机
(用力做循环运动20次×2组)
约10分钟

伸腰训练器
(腰背部靠在弯曲板上做伸展运动30次×3组)
约10分钟

下腰训练器
(做伸腿、抬腿、挺腰运动各20次×2组)
约10分钟

（2）儿童少年"健身路径"锻炼时需要注意的问题。健身要合理安排生理负荷强度，调整好运动负荷量和负荷强度的关系，运动负荷强度不宜过大，以中等强度为主；运动时间不宜过长，一次30～60分钟；运动频率可每周6～7天，每天1～2次；以发展技术动作为主，注意全面健身。一般在10岁之前，不宜搞负重练习。15岁之后可进行较大重量的力量练习，并应以动力性练习为主，静力性的练习要控制时间，做到动静结合。

在"健身路径"锻炼过程中要注意爱护引导孩子，耐心指导，积极培养对健身锻炼的兴趣，每次健身锻炼结束后，儿童少年应是余兴未尽，在身体没有严重生理疲劳和心理疲劳的情况下，才能达到健身的目的。

2. 适合青年人的"健身路径"锻炼方法

青年人一般是18～44岁，这一时期人体的组织器官已完全发育成熟。身体机能素质水平达到一生的顶峰，后期阶段身体开始出现自然衰老过程。因此，青年人更应该注意养成良好的生活和健身习惯。

骨质疏松患者的运动禁忌

运动抑制骨的重吸收、刺激骨形成，是骨质疏松症治疗的重要手段，但是运动不当可以增加骨折的风险。为了预防骨折，避免爆发性用力和骨骼负荷较大的运动内容，如跳跃、跳绳和跑步等；避免脊柱承受过度的张力负荷，包括：腹部肌肉练习，如仰卧起坐，以及躯干扭曲用力，如高尔夫击球动作。

（1）青年人"健身路径"的锻炼方法。青年人健身运动的目标应是在保持身体素质和身体机能稳定的基础上有所提升，增加健康储备。以健康为目标的健身锻炼应采用动作平和、强度中等、频率适中的运动方式，尽量避免运动型损伤和过度疲劳，消除精神压力和心理压力，在"健身路径"运动中享受运动乐趣，提高身体抗病能力，始终保持年轻状态。

青年人根据健身目标选择相应的健身器材，在健身过程中尽量选择多个"健身路径"器材；健身频率保持在每周三次以上，每次健身60～90分钟。健身强度控制在中小强度范围内。在整个健身过程中，不要出现力竭状态。健身过程中要循序渐进，合理分配体力，要持之以恒，避免长时间中断运动。

锻炼方法1

漫步机或慢跑5分钟

攀岩器
（沿攀架上下攀爬5个来回）
约5分钟

转体训练器
（做缓慢的转体运动
10次×2组）
约5分钟

腿部按摩器
（将腿放在滚轮上
前后滚动10次×2组）
约5分钟

双位旋转轮
（立式悬挂并转动
身体10次×3组）
约5分钟

背腹肌组合器
（做仰卧起坐及向后
推动按摩套）
约5分钟

锻炼方法2

漫步机或慢跑约5分钟

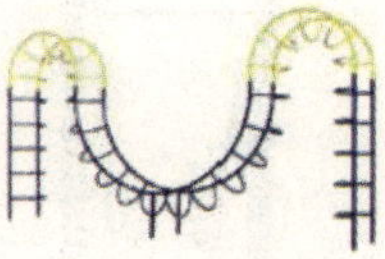

过山攀梯
（手扶架圈，先上后下
进行两次攀爬）
约5分钟

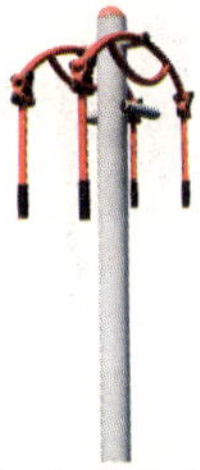

上肢牵引器
（上下拉动10次×3组）
约5分钟

腰背部按摩器
（拉动按摩套在腰背部
按摩10次×2组）
约5分钟

腿部按摩器
（将腿放在滚轮上前后
滚动10次×2组）
约5分钟

漫步机
（两腿前后摆动30次×2组）
约5分钟

锻炼方法3

漫步机或慢跑约5分钟

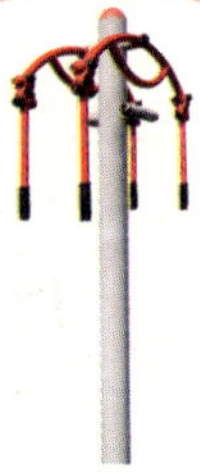

上肢牵引器
（上下拉动20次×2组）
约5分钟

推揉器
（向相同或相反方向
转动转轮20次×3组）
约5分钟

腰背部按摩器
（拉动按摩套在腰背部
按摩10次×2组）
约10分钟

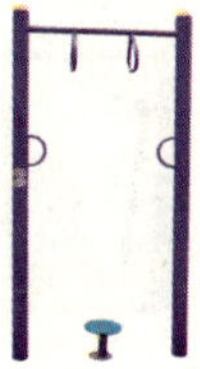

转体器
（做缓慢的转体
运动10次×3组）
约5分钟

腿部按摩器
（将腿放在滚轮上
前后滚动10次×2组）
约5分钟

锻炼方法4

漫步机或慢跑约5分钟

推揉器
（向相同或相反方向
转动转轮20次×3组）
约5分钟

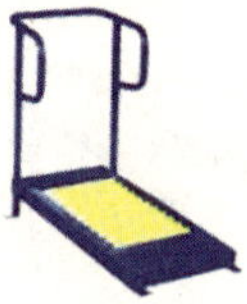

跑步机
（双腿在滚轮
上慢跑100步×3组）
约5分钟

坐式旋转器
（左右转体运动10次×2组）
约5分钟

下腰器
（腰部向后靠在弯曲板做
伸展运动10次×2组）
约5分钟

踏步扭腰器
（踏步扭腰10次×3组）
约5分钟

锻炼方法5

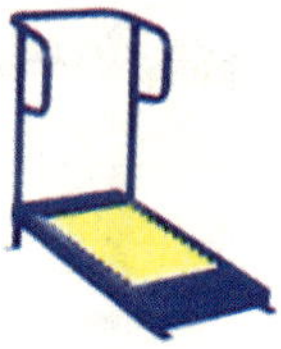

跑步机两腿在滚轮上
慢跑150步×5组约10分钟

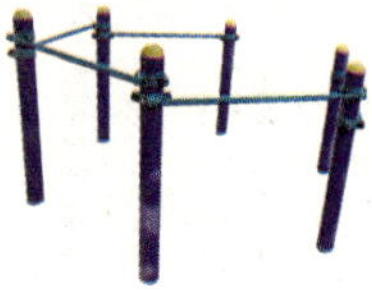

环形压腿器
压腿10次×3组约5分钟

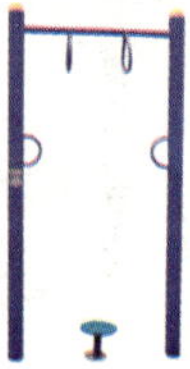

立式转腰器向左向右
反复转体20次×3组约5分钟

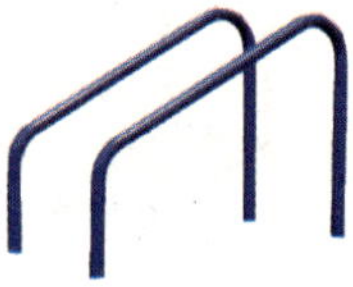

俯卧撑架做俯卧撑动作
10次×3组约5分钟

双位腹肌板卷腹
20次×3组约5分钟

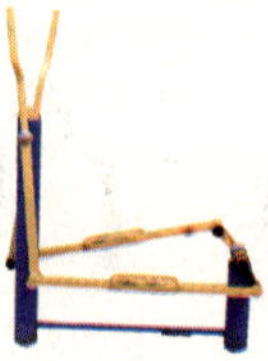

椭圆机
双脚置于踏板上运动
20次×3组约5分钟

（2）青年人“健身路径”锻炼时需要注意的问题。青年人身体机能比较稳定，进行健身练习主要是为了保持身体机能，预防各种疾病、防止体重增加等。一般来说30岁以下的青壮年可以选择比较激烈的大强度项目；而30～50岁可以选择强度较小但运动量稍大的活动。

体育健身锻炼是一种科学的身体活动，每个动作节奏以及用力的大小，时间的长短和内在意向都有其自身的规律和特点。盲目运动会适得其反。成年人进行体育健身锻炼时要注意选择环境优美的场所，随着天气和季节的变化来着装，锻炼前要充分做好准备活动，在运动过程中要懂得自我调节和掌握自身的身体反应,及时补充水分，注意身体的保暖，要注意呼吸的方法和调节呼吸的节奏。锻炼结束后要注意做好整理放松活动。千万不要因为身体素质好而造成身体过度疲劳。

3. 适合中年人的“健身路径”锻炼方法

中年人的年龄段为45～60岁，中年既是青年的延续，又是向老年的过渡时期，身体的各个部分逐渐发生退行性变化，内脏器官、生理功能开始减弱。中年人的健身意识增强，出现许多新的生理特点。首先，中年人的神经、精神活动比较稳定，对各种刺激的反应不像青少年那样剧烈。机械记忆力下降，对各种反应不及青年人快，也不如青年人敏捷。中年人的中枢神经抑制过程减弱，睡眠时间逐渐缩短，入睡难、容易醒。其次，在基础代谢方面，30岁以后基础代谢率平均每年下降0.5%，进食量往往仍较高，质量也比较好，容易造成脂肪堆积而发胖。 第三，在消化方面，胃肠黏膜变薄，肌纤维弹性减弱，胃酸及消化酶分泌减少，消化功能降低。第四，在心肺功能方面，中年后心脏自律性逐渐降低。同时伴有动脉硬化、血压升高。大约每10年血压增加1.33千帕（10毫米汞柱）左右。肺张力减弱，肺活量降低，供氧量不足，尤其在劳动或运动时常感喘不过气来。中年人因自身技能的衰减和外部环境作用的积累，容易出现高发的疾病。在“健身路径”锻炼过程中，要依据自身情况来设计，循序渐进，多学习科学的健身知识，指导健身锻炼，实现健康的目标。

中老年人不宜多爬山

不少中老年人认为，爬山是全身运动尤其是锻炼两下肢肌肉的良好运动项目。其实不然，该运动加重了膝关节的负荷，容易造成该关节的退化和损伤。因此，中老年人不宜刻意去进行爬山、爬楼等体育运动。

（1）中年人"健身路径"的锻炼方法。要把握好运动节奏，循序渐进，切忌操之过急，在一次健身中或一段时间的健身锻炼中，应遵循由小到大、由慢到快循序发展的原则。在健身前首先检查身体状况，根据自己的身体情况再选择练习内容，锻炼要循序渐进,不宜一次负荷过大。练习应从局部练习到全身性练习，也就是一种健身方法练习一段时间,机体适应后再练习另一种方法,最终使全身各部位得到全面锻炼。

锻炼一般要分三步进行。开始时10～15分钟的准备活动，要做身体各关节的伸展、旋转等动作，动作要慢，使身体出现发热、心跳稍加快的变化，将身体的技能调动起来。二是正式的健身路径运动，运动时间以30～60分钟为宜。三是运动结束后做整理活动10～15分钟。运动强度可以是慢动作小强度→快动作中强度→结束，或者是慢动作小强度→快动作中强度→慢动作小强度→结束。运动强度的控制要保持在有氧运动的强度范围内，即中等强度和小强度运动。

锻炼方法1

漫步机

漫步机

腰部训练器

臂力训练器

漫步活动开始，腰部训练器练习1～2组，臂力训练器练习1～2组，漫步放松结束。

这套循环练习法可根据各自兴趣和体力，重新修改组合练习的内容，完成2～5套，该练习对关节、肌肉及心肺功能等具有良好的调节作用。

锻炼方法2

漫步机

呼啦桥

腰部训练器

臂力训练器

漫步机活动3～5分钟，腰部训练器活动3～5组，臂力器活动2～3组，呼啦桥行走若干组。以上练习对身体各关节有良好的保健作用，对腰部和腿部肌肉的伸展性和平衡能力起到积极的影响，可以防止人体运动系统过早衰退。

锻炼方法3

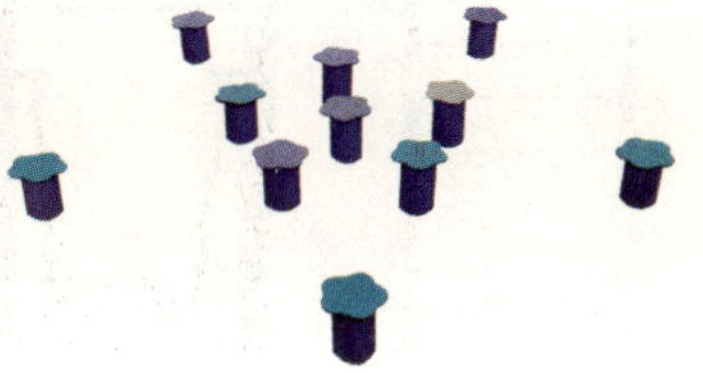

梅花桩

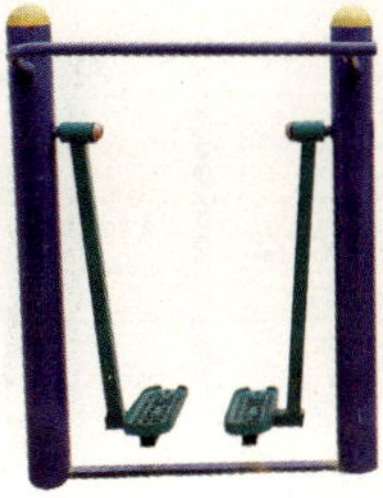

漫步机

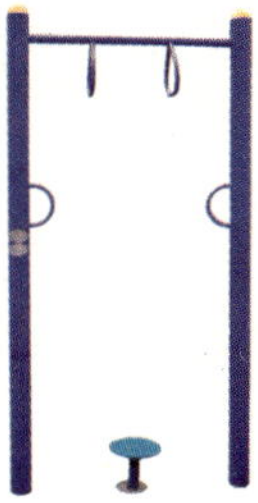

转体训练器

摸高器

梅花桩行走3～5组，转体训练器活动3～5分钟后与摸高练习交叉进行3～5组，最后以漫步结束。

以上练习主要增强腰腿各肌肉和韧带的力量，使肌肉更富有弹性，也可解除慢性腰痛及关节痛等症状，增强心肺功能。

锻炼方法4

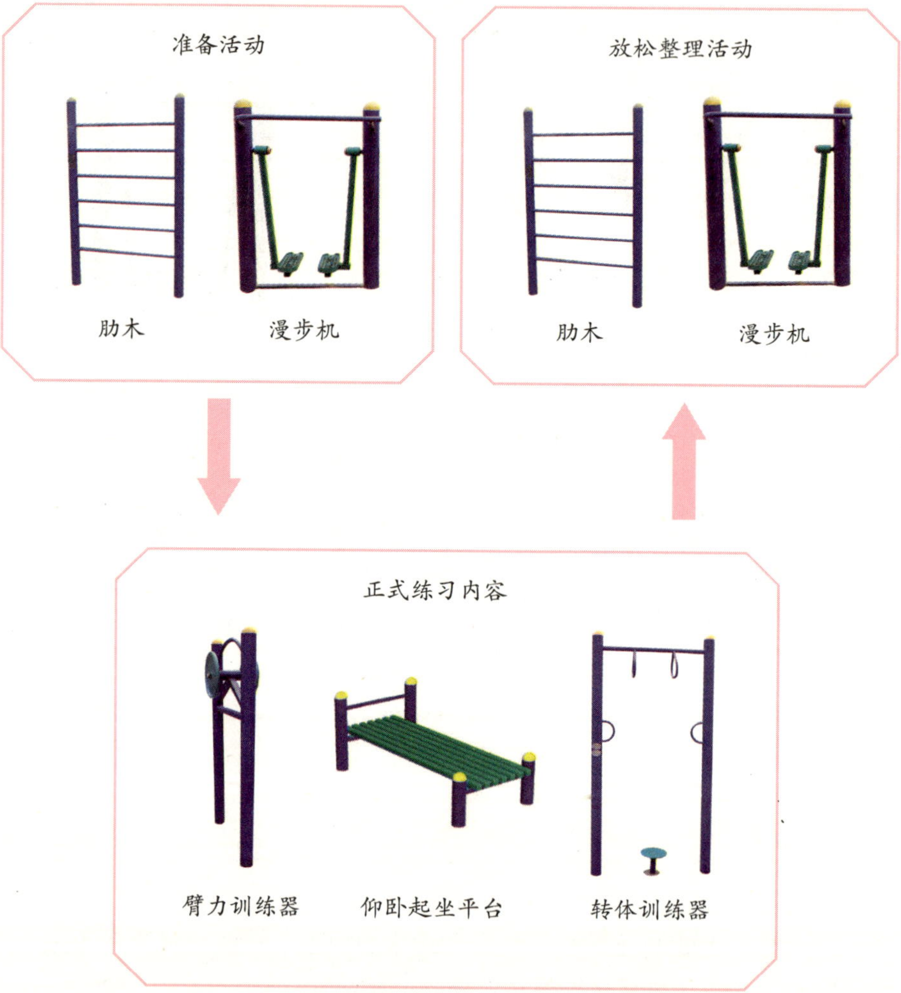

准备活动和放松整理活动要在漫步机和肋木上进行。

臂力训练器可以练习上肢力量，仰卧起坐和转体练习等的完成次数为本人所能完成最高重复次数的70%～80%，以上两种练习内容交替进行2～4组。

以上练习主要针对腹部和腰部，对柔韧性的提高也有帮助。

（2）中年人"健身路径"锻炼时需要注意的问题。中年人健身过程中要注意健康评价以及运动负荷的控制，中年人的身体机能和素质开始下降，对健身锻炼的适应能力和疲劳的恢复能力减退，但通过科学的健身，可以恢复到成年人的水平。中年人健身要注意定期检查身体，在健身开始前和健身后3个月或6个月需要做身体健康检查和体质检查，这样做一方面可以评价健身效果，另一方面检查结果也可作为下一步调整“健身路径”的强度、时间及频率的依据，从而进一步提高健身锻炼的效果。

在健身时要注意全面锻炼身体，当身体存在某种疾病倾向或某种伤病时，要有针对性的锻炼和改善身体生理功能减弱的器官。健身时要以间歇性运动为主，动作力量和速度不易过大，可多种“健身路径”器械相结合。

4. 适合老年人的“健身路径”锻炼方法

60岁以上的人为老年人，在身体形态和机能方面均发生了一系列变化，主要表现在器官机能减退，尤其是消化吸收、代谢功能、排泄功能及循环功能减退，如不适当加以调整，将会进一步促进衰老过程的发展。机体组成成分中代谢不活跃的部分比重增加，而细胞内水分却随年龄增长呈减少趋势，造成细胞内液量减少，并导致细胞数量减少，出现脏器萎缩。衰老影响细胞功能和气管调节系统两个方面。身体能力下降的特点是最大摄氧量、最大心输出量、肌肉力量和爆发力、神经功能和柔韧性的下降，身体脂肪的增多。

（1）老年人“健身路径”的锻炼方法。老年人进行健身锻炼，对保持健康、防病祛病、延年益寿，尤其是生活质量的提高有很大作用。老年人对健身锻炼的适应能力明显减退，对健身的生理刺激缓冲余力小，对突击性过大的运动刺激应急能力差，如果健身不当，非常容易造成运动损伤或者疾病。因此，“健身路径”的使用对老年人来说更为重要，必须注重科学性，在健身锻炼中要遵循科学方法，进行柔韧性锻炼。在锻炼时要定期进行身体检查，一般在健身开始前和锻炼3～6个月后，定期进行身体检查，了解身体的健康水平和体质状况。严格进行自我运动监控。每日测量晨脉。老年人健身的准备活动一般需10分钟左右；在长时间相对固定运动强度的运动中心率会渐增，超过目标心率，但心率增加较多就要降低运动强度以避免生理负荷过大。

锻炼方法1

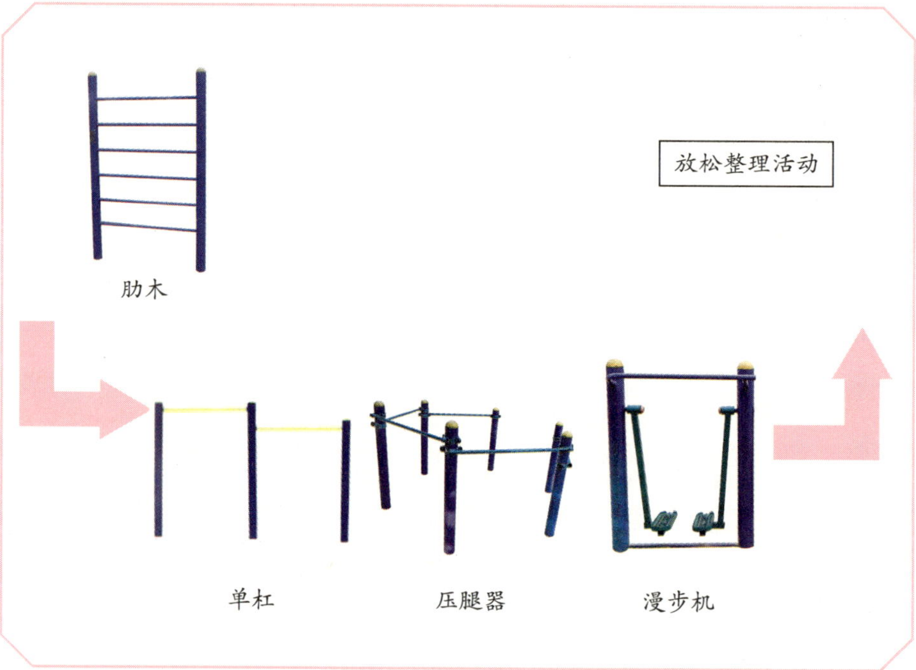

准备活动：在肋木做静力性伸展，主要是压腿和压肩，适当活动腰，约8分钟。

在单杠上做拉伸练习，尽量将身体拉离地面；在压腿器上做下肢的压腿练习；在漫步机上做前后摆动练习，使身体微微出汗，两种或两种以上项目的练习可交叉进行，尽自己最高重复次数完成练习，各完成2～3组，每周3～4次。

整理放松活动5～6分钟，可采用更多的静力性伸展练习，以促进有效的恢复。以上肌力锻炼分别是对肩胸部肌和腹肌的练习，肌肉收缩时快一些伸展时稍慢些。

锻炼方法2

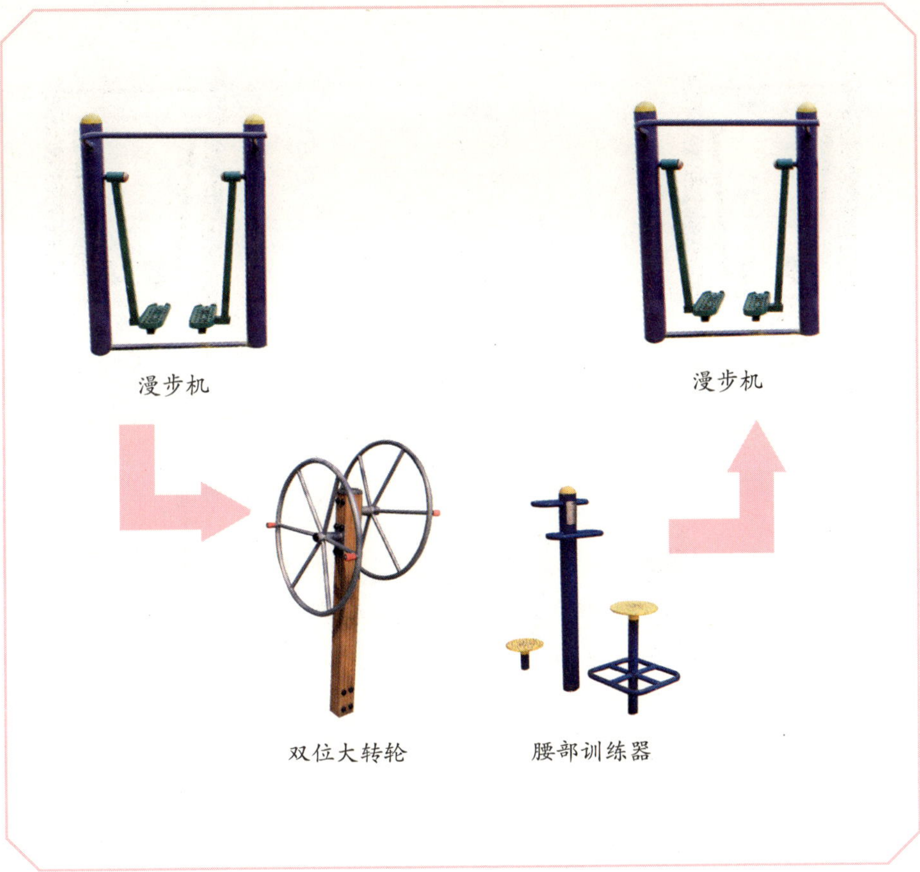

漫步机活动3～5分钟，大转轮活动3～5组，腰部训练器活动3～5组，以漫步结束。以上练习对身体各关节有良好的保健作用，对腰部和腿部肌肉的伸展性和平衡能力起到积极影响，可以防止人体运动系统过早衰退。

锻炼方法3

漫步机

漫步机

双位坐蹬

环形压腿器

转体训练器

漫步机活动5分钟，双位坐蹬器25×3组，环形压腿器6分钟，转体训练器活动3～5分钟以太空漫步结束。

以上练习主要针对腰腿各肌肉和韧带力量的增强，使肌肉更富有弹性，也可解除慢性腰痛及关节痛等症状，增强心肺功能。

锻炼方法4

漫步机

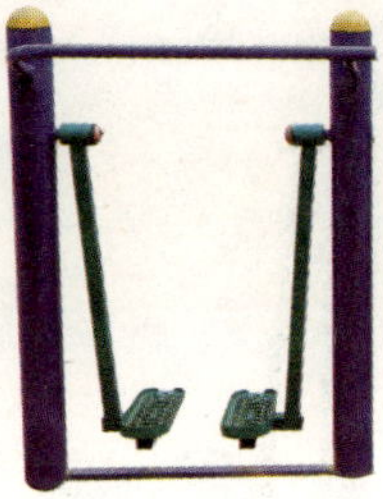

漫步机

肋木

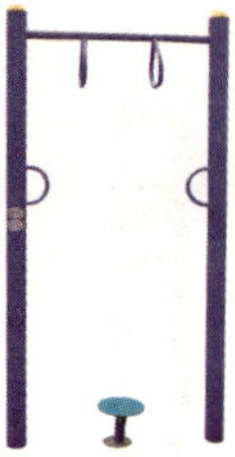

立式转腰器

环形压腿器

准备活动在漫步机上进行。

肋木悬垂；立式转腰器活动腰部约5分钟；环形压腿器等。完成次数以本人所能完成最高重复次数的70%～80%，两种以上练习内容交替各做2～4组，以漫步结束。

以上练习主要针对腹部和腰部，对柔韧性的提高也有帮助。

锻炼方法5

漫步机

漫步机

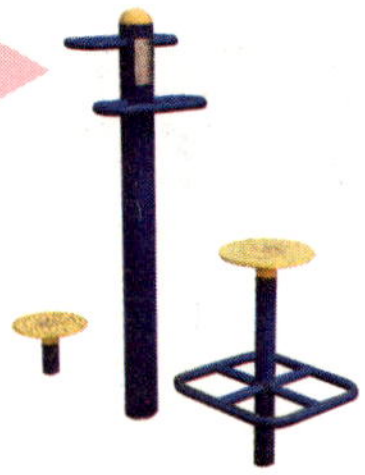

腰部训练器

臂力训练器

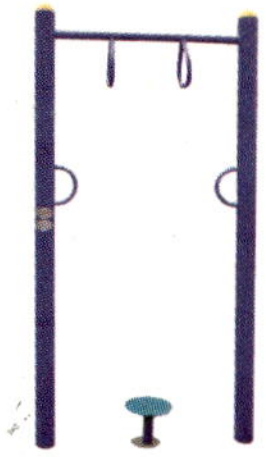

立式转腰器

漫步活动开始，腰部训练器练习1～2组，臂力训练器练习1～2组，立式转腰器2～3组/次，漫步放松结束。

这套循环练习法可根据各自兴趣和体力，重新修改组合练习的内容，完成2～5套，该练习对关节和肌肉及心肺功能等，具有良好的调节作用。

（2）老年人“健身路径”锻炼时需要注意的问题。

老年人早晨运动应注意的问题：现在我国大多数老年人在参加体育锻炼时把时间都安排在早上，但早上血液黏稠度相对较高，影响血流速度。早上空气是一天当中最污浊的时候，缺少阳光中紫外线的杀菌作用。空腹运动容易导致低血糖的危险，糖尿病患者尤应注意。早晨6:00~8:00之间，是人一天节律中的低谷时期，各项机能均处在较低水平。所以老年人最适宜活动时间是9:00～10:00点或14:00～16:00，这是锻炼效果最佳的时期。

生理运动负荷要视体质程度而定：老年人早起后活动量不宜过大，时间不宜过长。柔和、缓慢的活动最适合老年人早起锻炼。活动应以略有心跳加快、略有气急感为度。应避免那些快速、旋转或低头过度的运动。有肺气肿、动脉硬化、冠心病、糖尿病等疾病的老年人，则以散步为好。

运动强度和运动负荷是否适宜

可从运动结束后的生理状态来判断：一是观察运动后心率恢复情况，记录运动结束时即刻心率和休息第二分钟时心率，若从即刻心率到休息第二分钟时的心率下降了20%以上，则表明这次运动强度和运动量是适宜的；二是运动后第5分钟时，呼吸应恢复正常，心脏不应再怦怦作响，第二天晨起心率应波动不大，体重基本不变。适宜的运动给人的感觉应该是稍感轻松，若很轻松或不轻松都是不适宜的表现。

老年人要重视平衡能力练习：有摔倒风险的老年人应该通过"健身路径"来发展其平衡能力。老年人可以试着做一些平衡能力的练习，如后退走、侧身走、脚后跟走和脚尖走，或者扶着椅子做单腿的站立练习，还有就是太极拳，太极拳已经被证明有很好的改善老年人平衡能力的作用，因此也是可以选用的一种练习。

第五章

“全民健身路径”促进健康的锻炼方法

一、“全民健身路径”的健身方法

“健身路径”锻炼可以提高自身的机能水平，也能缓解工作压力和精神上的压抑。同时对增强人们体质、预防疾病和促进健康具有良好的作用。本章结合高血压、颈椎病等的病症特点，设计了通过“全民健身路径”锻炼进行防治的办法，对病症起到缓解和防治作用。若症状比较明显，应到医院治疗，并听取医生的建议。

运动是有风险的吗?

在运动中肌肉骨骼系统受伤的情况很常见，因而锻炼者应对此有防范意识。为避免受伤及造成痛苦，人们应从较低的活动水平开始逐渐达到理想状态，直到身体适应剧烈的运动。对于任何易发生问题的健康状况，如骨质疏松、关节炎，一定要咨询医生。走路对这部分人来说，是安全的锻炼方式。患有心血管疾病的人在参加锻炼之前需要进行医学咨询。建议超过40岁的男性和超过50 岁的女性也应进行医学咨询。对于有高血压、高血脂、心脏病家族史、糖尿病、肥胖危险因素的个体，最好先进行医学评估，以便做好体力活动的计划和检测。有患急性，严重或不稳定病症的人不适宜运动。

二、"健身路径"促进健康的练习方法

1. 高血压人群的"健身路径"锻炼方法

"健身路径"锻炼对高血压人群的作用："健身路径"锻炼可以促进热量的消耗，减少多余的脂肪，改善脂类新陈代谢，控制体重，增强心脑血管应激能力，增强体质。可有效地防治原发性高血压，尤其适宜轻度、中度高血压患者运用。原发性高血压患者可根据自己的性别、年龄、病情、自身体质情况选择不同的"健身路径"，因人因时而异。用"健身路径"活动时，要采取运动量较小的，节律较慢的放松性运动。

高血压人群锻炼时应注意的问题：动作轻缓、节奏均匀，运动强度小，一般选择运动强度为心率在120次/分钟左右的运动，每次60分钟，每周3～5次。切忌选用对抗性强、兴奋性高的项目，做到量力而行，避免憋气、负重、相持较力。运动过程中注意血压的自我监测，血压上升或不稳定时应减少或停止户外器械锻炼。运动方式最好选择有节奏的较轻松的运动。实施健身方法前最好做心血管功能方面的检查。在运动中要加强自我监护，如出现头疼、头晕、呼吸困难、恶心及心律不齐等现象时，要减少运动量或者暂停运动。健身带来的疲劳，应休息2小时。如果运动后出现头疼、睡眠不佳，甚至第二天仍有疲劳感者，说明运动量过大或休息不足，应调整运动量。

锻炼方法1

慢跑或慢走5分钟

上肢牵引器
（上下拉动把手20次×2组）
约5分钟

推揉器
（相同及相反方向转动转轮各20次×2组）
约5分钟

漫步机
（双腿缓慢摆动20次×2组）
约5分钟

三位蹬力器
（屈伸双腿蹬管20次×2组）
约5分钟

锻炼方法2

漫步机
（双腿缓慢摆动20次×2组）
约5分钟

太极推揉器
（相同或相反方向各转动转轮20次×2组）
约5分钟

环形压腿器
（正面、侧面、后面各压腿10次）约5分钟

三位蹬力器
（屈伸双腿蹬管20次×2组）
约5分钟

腰背部按摩器
（按摩腰背部各30次）
约5分钟

锻炼方法3

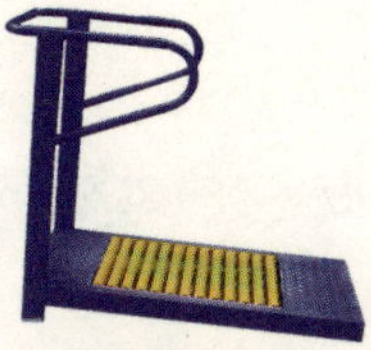
室外跑步机
（手握扶手在滚轮上
慢跑100步×3组）
约5分钟

漫步机
（双腿缓慢摆动20次×3组）
约5分钟

滚筒
（正向及反向蹬动滚筒各30次）
约5分钟

椭圆机
（双腿交替用力做
循环运动20次×2组）
约5分钟

高血压患者要预防运动中的低血压

老年高血压病人心血管反射功能差，体位变动过大时易发生体位性低血压，运动时避免身体大幅度的活动，如猛的弯腰和蹲起等。另外，使用血管扩张剂的高血压病人在运动后也可能出现低血压，因此运动后需要做充分的整理活动。

2. 糖尿病人群的"健身路径"锻炼方法

适度"健身路径"的锻炼有利于葡萄糖的代谢和利用，有利于脂肪的燃烧，减轻体重，改善胰岛素的敏感性。每次户外运动可持续30～60分钟，以有氧运动为主，有心、脑、肾等并发症者应停止锻炼。

运动疗法是防治糖尿病的基本措施。选择运动心率在130次/分钟左右的运动强度，运动方式可以是跑步机、有节奏的全身运动等。每次总时间60分钟，分三次完成，每周三次。每次运动在饭后50分钟进行，不要在饭前运动，以防低血糖症。上述运动能使肌肉对血糖吸收率增大15倍，改善耐糖量，增加胰岛素敏感性，增强其分泌作用，达到有效辅助治疗目的。该处方的要点是不要空腹运动，一定要在饭后或运动前少量进食后才运动。

糖尿病相关知识

糖尿病是因胰岛素分泌不足及靶细胞对胰岛素敏感性降低，引起糖、蛋白质、脂肪、水、电解质代谢失调的内分泌代谢疾病。临床症状为口渴、多饮、多食、多尿、消瘦等，严重时可发生酮症酸中毒。但也有许多患者并无上述症状，仅在体检时或出现并发症时才被发现患有糖尿病。

糖尿病主要分为胰岛素依赖型糖尿病（I型）和非胰岛素依赖性糖尿病（II型）。I型糖尿病多发于青少年，起病急、病情重。烦渴，多饮，多食，多尿，消瘦，疲乏等症状明显或严重，如果血中酮体水平超出正常10倍以上，则可出现酮症酸中毒。II型糖尿病多发于40岁以上成年人或老年人，多数体型肥胖、起病缓慢，病情轻，可有口干，口渴等症状，不少人甚至无症状。糖尿病的诊断标准是血糖测定，包括空腹血糖和餐后2小时血糖测定。凡空腹血糖≥7.0毫摩／升，其他任何时间血糖≥11.1毫摩／升者可诊断为糖尿病。

锻炼方法1（Ⅰ型糖尿病）

漫步机
（两脚前后摆动100次×4组）
约10分钟

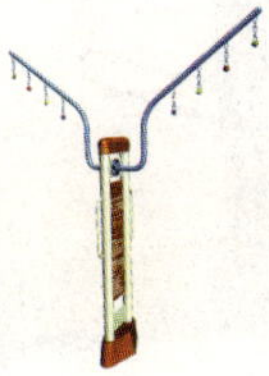

摸高器
（单手上举，屈膝上跳10次×3组）
约5分钟

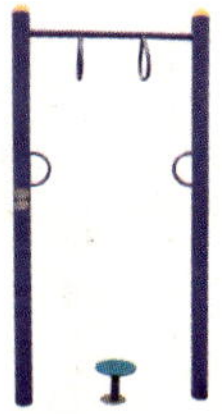

立式双位转腰器
（向左右反复旋转20次×3组）
约5分钟

双位坐蹬
（屈伸双腿蹬圆管30次×2组）
约10分钟

锻炼方法2（Ⅰ型糖尿病）

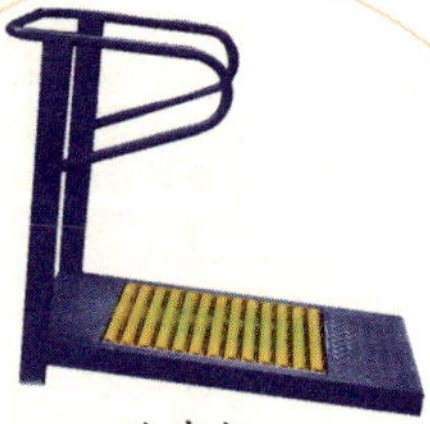

跑步机
（两腿在滚轮上慢跑100步×6组）
约10分钟

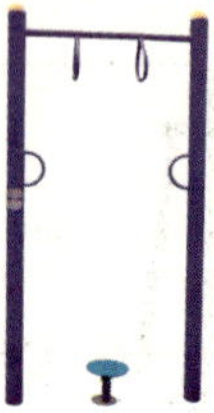

双位立式转腰器
（向左右反复转体20次×3组）
约5分钟

推揉器
（向相同及相反方向转动转轮各30次×3组）
约10分钟

伸腰伸背器
（腰背部靠在弯曲板做伸展运动30次×3组）
约5分钟

锻炼方法3（Ⅱ型糖尿病）

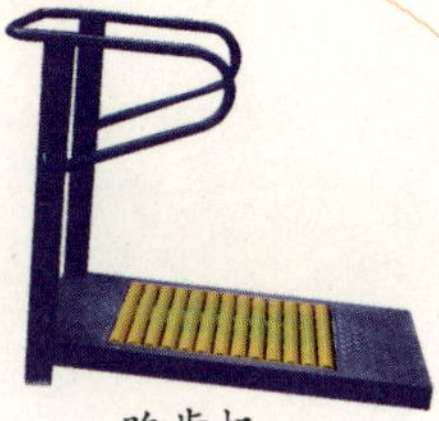

跑步机
（两腿在滚轮上慢跑100步×6组）
约10分钟

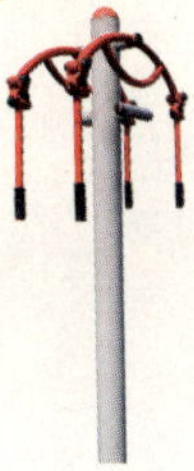

上肢牵引器
（上下拉动20次×5组）
约5分钟

三位蹬力器
（屈伸双腿蹬圆管30次×2组）
约10分钟

伸腰伸背器
（腰背部靠弯曲板做
伸展运动30次）
约5分钟

锻炼方法4（II型糖尿病）

漫步机
（前后摆动30次×3组）
约5分钟

上肢牵引器
（上下拉动20次×5组）
约5分钟

臂力训练器
（互相较力向相反方向
转动转轮）
约5分钟

自重式划船器
（双臂做划船式
伸缩运动20次）
约5分钟

滚筒
（双腿正向及反向蹬动
滚筒100次×4组）
约10分钟

健身锻炼时需要注意的问题：糖尿病患者在运动时可能会出现反应性低血糖，轻者心慌、头晕、手抖，重者可能出现晕厥。为了预防运动中低血糖的出现，糖尿病患者要注意以下几点：在开始参加运动时应经常监测血糖；运动前减少胰岛素用量（由医生决定），或增加一定量的碳水化合物的摄入；运动时间应避开胰岛素作用的高峰期；开始参加运动时应有同伴陪同，并携带糖果备用；形成固定的饮食和运动规律，掌握进食和控制运动量之间的关系和规律。

糖尿病患者运动时要保护脚部

患糖尿病多年的病人，因微血管和神经病变，出现足部循环障碍和感觉降低，容易发生足部皮肤破溃、溃疡和感染。为避免上述情况的发生，应在参加运动前请医生做足部检查，选择合适的鞋子和柔软棉织袜子，尽量防止下肢磨出水泡或导致外伤，每天洗脚时检查足部。

3. 高血脂人群的"健身路径"锻炼方法

高血脂人群一般选择运动强度为心率在130次/分钟左右的运动，每次20分钟，每周六次，或每次60分钟，一周三次。运动方式可以是跑步机等，运动时间一定要保证，运动次数最好每天能坚持一次。

锻炼方法1

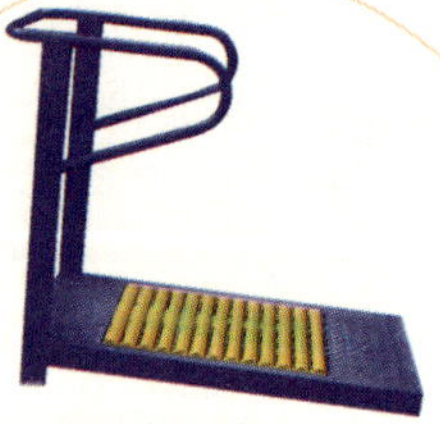

室外跑步机
（两腿在滚轮上慢跑150步×5组）
约10分钟

三位蹬力器
（屈伸双腿蹬圆管20次×6组）
约10分钟

天梯
（以手代步向前攀登往返3次×2组）
约5分钟

臂力训练器
（用力转动转轮10次×2组）
约5分钟

锻炼方法2

室外跑步机
（两腿在滚轮上慢跑100次×6组）
约10分钟

三位蹬力器
（双腿屈伸蹬圆管20次×6组）
约10分钟

攀岩器
（沿攀架上爬及下爬
各10次×2组）
约5分钟

推揉器
（向相同及相反方向
各转动转轮20次×2组）
约5分钟

锻炼方法3

自重式划船器
（上肢做划船式伸缩运动30次×3组）
约10分钟

三位蹬力器
（屈伸双腿蹬圆管20次×4组）
约10分钟

仰卧起坐平台
（仰卧起坐20次×3组）
约10分钟

4. 颈椎病人群的"健身路径"锻炼方法

颈椎病的主要症状是颈肩痛，放射至头枕部和上肢。病情严重者双下肢活动受影响，甚至截瘫。根据压迫的不同部位和临床症状，颈椎病可分为神经根型、脊髓型、椎动脉型、交感神经型和混合型五种。其中以神经根型最为多见，占颈椎病的65%。轻度颈椎病患者通过户外健身器械锻炼可改善局部血液循环，解除颈部肌肉痉挛，消除局部肿胀，缓解颈痛等症状。

锻炼方法1

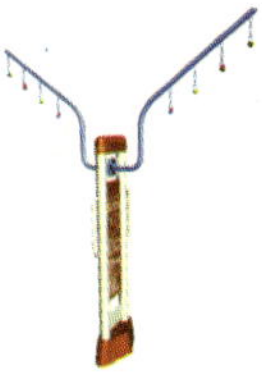

摸高器
（单手上举，眼睛向上，
屈膝上跳10次×3组）
约5分钟

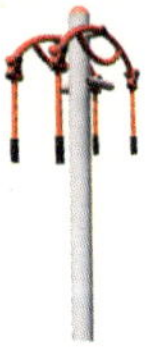

上肢牵引器
（上下拉动30次×2组）
约10分钟

仰卧起坐平台
（坐姿，头颈及身体前屈坐
仰卧起坐20次×2组）
约10分钟

骑马机
（双臂做伸缩运动20次×2组）
约5分钟

锻炼方法1

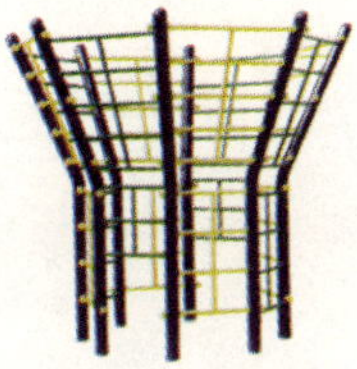

攀岩器
（沿攀架上下爬行5个来回）
约5分钟

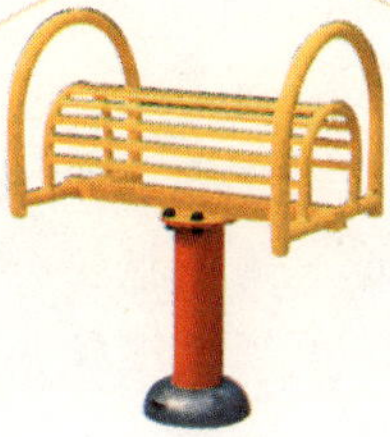

伸腰伸背器
（腰背部靠在弯曲板做伸展运动30次×2组）
约7分钟

仰卧起坐平台
（仰卧起坐20次×4组）
约10分钟

椭圆机
（双腿用力做循环运动20次×2组）
约5分钟

颈椎病患者的症状

一般而言，患者可出现颈部发僵、发硬、疼痛、活动受限、肩背部沉重、肌肉变硬、上肢无力、手指发麻、肢体皮肤感觉减退、用手握物时常不自觉的落下等表现。有些患者出现下肢僵硬，或下肢绵软，犹如在棉花上行走。另有一些患者甚至可能有头痛、头晕，视力减退、耳鸣、恶心等异常感觉、更有少数患者出现大小便失控、性功能障碍，甚至四肢瘫痪。以上症状不会在每一个颈椎病患者身上全部表现出来，常常是出现其中的部分症状，而且大部分颈椎病患者的症状比较轻微，病情也比较长，所以完全没有必要终日忧心忡忡。少数患者有眩晕、猝倒或一侧面部发热、出汗异常等症状。

5. 亚健康状态人群的"健身路径"锻炼方法

亚健康是指介于健康与疾病之间的一种状态，它既不属于完全健康，又达不到疾病的诊断标准，是健康人但有非健康的不适宜先兆病症。把处于这种状态的人称为亚健康人。也就是说，是指暂无躯体的、心理的和器质性的疾病，在现实生活中却表现出精力下降、适应能力减退与体力活动能力弱化的一种状态。特别是在以脑力工作为主体的白领阶层中，亚健康人群的比例更高。

锻炼方法1

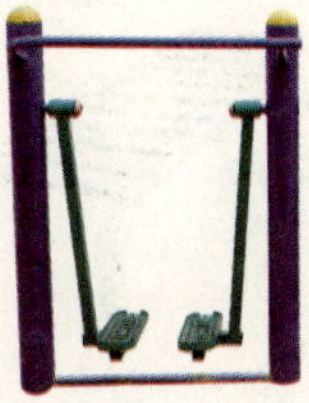

漫步机
约5分钟

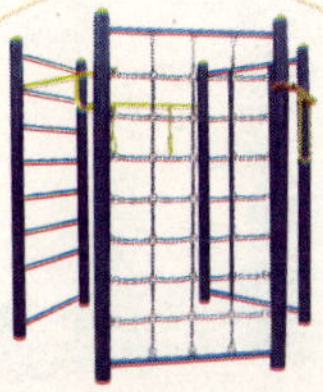

组合训练器
约10分钟

伸腰伸背器
（腰背部靠在弯曲板做伸展运动30次×2组）
约7分钟

环形压腿器
（按压双腿15次×2组）
约5分钟

上肢牵引器
（上下拉动30次×2组）
约6分钟

三位蹬力器
（屈伸双腿蹬圆管20×2组）
约5分钟

锻炼方法2

室外跑步机
（在滚轮上慢跑150步×3组）
约5分钟

腰腹肌组合器
（仰卧起坐10次×3组套）
约5分钟

环形压腿器
（按压双腿15次×2组）
约5分钟

手攀云梯
（手拉云梯以手代步移动）
约5分钟

腰背按摩器
（拉动按摩套在腰背部按摩10次×4组）
约10分钟

漫步机
（放松整理活动）
约5分钟

锻炼方法3

漫步机
（前后摆动50次×2组）
约5分钟

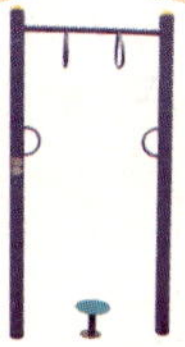

双位立式转腰器
（左右转体运动25次×2组）
约5分钟

三位蹬力器
（屈伸双腿蹬圆管
30次×2组）
约5分钟

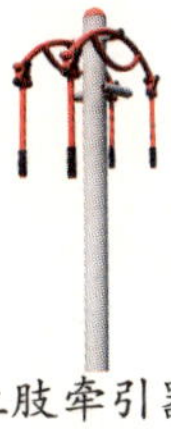

上肢牵引器
（上下拉动10次×5组）
约5分钟

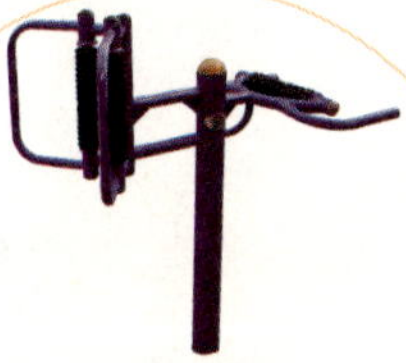

腰背按摩器
（拉动按摩套在腰背部
按摩10次×2组）
约5分钟

怎样判断自己是否处于亚健康状态

主要表现为长期疲劳、反复感冒、畏寒怕冷、四肢发凉、情绪忧郁、睡眠不佳、精神焦虑、性欲减退等。适度的户外健身锻炼是纠正亚健康状态的有效途径之一。要学会有效地调节和积极的休息，开展各类体育活动，把自己从繁重的脑力活动中解脱出来，在忙碌的工作中获得休闲，寓健身于娱乐之中。

6. 高尿酸血症人群的"健身路径"锻炼方法

选择运动强度为运动心率在110次/分钟的运动，每次运动30分钟，每周三次，隔日一次。该处方的要点是运动强度一定要保持在心率110次/分钟左右。运动方式以全身有节奏放松的运动为好。此健身锻炼方法可使血清酸值减少，尿酸清除率增加，达到辅助治疗高尿酸血症的目的。在实施上述健身锻炼方法前，最好做运动负荷实验，以确切了解个体的运动能力，相应修正运动中的强度和负荷量。另外相应的膳食调节也十分重要，较合理的膳食结构比例是碳水化合物55%；蛋白质15%；脂肪10%；水果蔬菜20%。

锻炼方法1

漫步机或慢跑5分钟

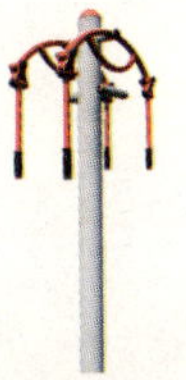

上肢牵引器
（上下拉动10次×3组）
约5分钟

推揉器
（向相同或相反方向转动转轮20次×3组）
约5分钟

腰背部按摩器
（拉动按摩套在腰背部按摩10次×2组）
约10分钟

腿部按摩器
（将腿放在滚轮上前后滚动10次×2组）
约5分钟

漫步机
（两脚前后摆动30次×2组）
约5分钟

锻炼方法2

室外跑步机
（双腿在滚轮上跑步150步×5组）
约10分钟

三位蹬力器
（屈伸双腿蹬圆管20次×2组）
约5分钟

环形压腿器
（正面、侧面、后面各压腿10次）约5分钟

自重式划船器
（双臂缓慢做划船式伸缩运动30~40次）
约10分钟

漫步机
（两脚前后慢摆动30次×2组）
约5分钟

7. 肥胖症人群的"健身路径"锻炼方法

人体体重超正常体重的20%称为肥胖症，标准体重的简便计算方式为：身高−105=标准体重（千克）。国际通用体重指数（BMI）法：计算方式是体重（千克）除以身高的平方（米^2）。体重指数的正常范围为18.5～25。体重指数的"最佳均值"即"理想体重"定为18.5～25。亚洲成年人的体重指数的正常值18.5～23，理想体重指数是21。女性体重指数大于24，男性体重指数大于25，则为肥胖症。控制饮食与体育锻炼是防治肥胖症的两大法宝。坚持每天2次参加较高强度的户外健身器械锻炼，可达到消耗多余脂肪，重塑健美体型的目的。

锻炼方法1

室外跑步机
（双腿在滚轮上跑步
150步×5组）
约10分钟

腰腹肌组合器
（仰卧起坐15次×3组）
约5分钟

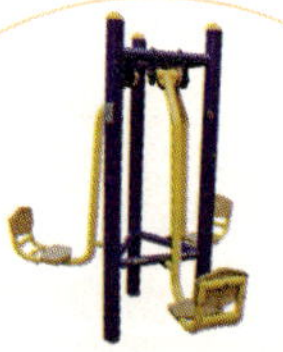

三位蹬力器
（屈伸双腿蹬圆管
20次×4组）
约10分钟

自重式划船器
（双臂缓慢做划船式伸缩
运动30~40次）
约10分钟

手攀云梯
（以手代步，双手交替
前行两个来回）
约5分钟

锻炼方法2

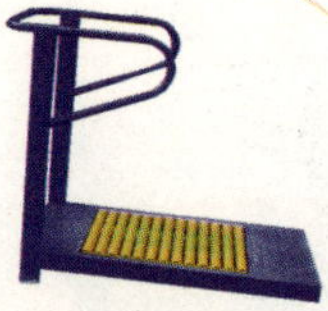

室外跑步机（双腿在滚轮上跑步150步×5组）
约10分钟

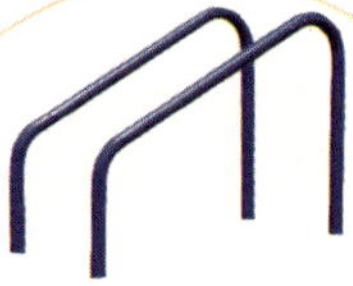

俯卧撑架
（做俯卧撑动作10次×5组）
男子约10分钟
女子约5分钟

三位蹬力器
（屈伸双腿蹬圆管20次×4组）
约10分钟

仰卧起坐平台
（仰卧起坐20次×4组）
约5分钟

手攀云梯
（以手代表，双手交替前行两个来回）
约5分钟

锻炼方法3

室外跑步机
（双腿在滚轮上跑步
100步×6组）
约10分钟

组合训练器
（有选择的训练单杠、肋木、
链梯、吊杠、软梯）
约10分钟

骑马机
（双臂做伸展运动20次×2组）
约5分钟

8. 肩周炎人群的"健身路径"锻炼方法

肩关节周围炎简称肩周炎，俗称漏肩风、冻结肩。主要症状为肩关节疼痛，夜间更甚，活动时疼痛加剧。检查可发现肩关节周围有明显压痛，活动受限，上肢不能外展、上举、外旋，常常不能梳理头发，穿衣。肩部受牵引时，可引起剧烈疼痛。肩关节肿胀明显，而且有压痛，并向颈部及肘部放射。日久不愈，肩部肌肉会明显萎缩。户外健身器械运动可使粘连的肩关节、肌肉、韧带得以松弛，能改善患肩的血液循环，加速局部渗出物的吸收，起到舒经活络、缓解疼痛、加速康复的功效。

锻炼方法1

漫步机或慢跑约5分钟

推揉器
（向相同及相反方向转动转 轮
各30次×3组）
约10分钟

天梯
（以手代步向前攀登往返3次×2组）
约5分钟

臂力训练器
（转动转轮30次×3组）
约10分钟

锻炼方法2

漫步机或慢跑约5分钟

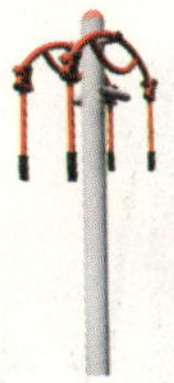

上肢牵引器
（上下拉动30次×3组）
约10分钟

推揉器
（向相同及相反方向转动转轮各30次×3组）
约10分钟

自重式划船器
（上肢做划船式伸缩运动30次×3组）
约10分钟

锻炼方法3

漫步机或慢跑约5分钟

摸高器
（单手上举用力跳起
触摸高度尺10次×3组）
约5分钟

推揉器
（向相同及相反方向转动转轮
各30次×3组）
约10分钟

骑马机
（双臂做伸缩运动20次×2组）
约5分钟

主 要 参 考 文 献

[1] 王则珊. 终身体育 [M]. 北京：北京体育学院出版社，1994.28–35.

[2] 倪同云. 国际大众体育发展趋势的研究 [J]. 体育科学，1998，18 (3)：22–24.

[3] 课题组. 中国群众体育现状调查与研究 [M]. 北京：北京体育大学出版社，1998.41–62.

[4] 毕晓东，王亚男，耿明南. 健身防治方法在全民健身应用中的探讨 [J]. 现代康复，2001，5 (5)：115.

[5] 卢元镇. 中国体育社会学 [M]. 北京：北京体育大学出版社，2000.66–68.

[6] 肖学林，谭京京. 全民健身系统健身模式探讨 [J]. 广州体育学院学报，2000，20 (1)：1–6.

[7] 张育国，张文兰，张志阳. 庆阳地区居民健身活动现状研究 [J]. 体育学刊，1998，15 (2)：36–37.

[8] 邓伟志. 家庭社会学 [M]. 北京：中国人民大学出版社，2001.67–96.

[9] 马卫平. 健身防治方法导引 [M]. 北京：北京体育大学出版社，2000：332411.

[10] 王和平. 全民健身运动指南 [M]. 北京：北京体育大学出版社，1994：872891.

[11] 张新安，高彩云. 论高校健身防治方法教学模式的科学性 [J].体育学刊，2000，(4)：9210.

[12] 刘纪清，李国兰. 实用健身防治方法 [M]. 哈尔滨：黑龙江科学技术出版社，1993.

[13] 李显军，任建生. 健身防治方法的研究现状及应用前景 [J]. 武汉体育学院学报，2000，(5)：80282.

[14] 田继宗，石雷. 健身防治方法教学模式研究 [J]. 体育学刊，2001，(1)：52255.

[15] 马行风. 处方教学在健美选项课中的运用研究 [J]. 武汉体育学院学报，2003，(5)：1352137.108.

[16] 刘纪清.实用健身防治方法 [M]. 哈尔滨：黑龙江科学技术出版社，1993.

[17] 杨静宜. 体疗康复 [M]. 北京：北京体育大学出版社，1988.

[18] 肖国强. 浅谈健身防治方法的实施 [J]. 体育学刊，2001，(6). 32.

[19] 毕春佑，高玲娣，王钟音，等. 心脏康复健身防治方法在全民健身中的应用 [J]. 中国运动医学杂志，1998，(1)：91–92.

[20] 叶国雄. 论适应中国人特点的中老年人健身防治方法微机咨询系统 [J]. 武汉体育学院学报，1998，(1)：68–69.

[21] 步斌，苏全生. 健身防治方法与体育锻炼建议书 [J]. 成都体育学院学报，1999，(3)：75–76.

[22] 刘善云，徐 莉，马挂霞，等. 从生理机能变化看"六段运动"健身效果 [J]. 天津体育学院学报，1997，(1)：44–46.

[23] 陈渝宁，张盈华，张利朝，等. 健康人跑步前后红细胞免疫功能的变化 [J]. 中国运动医学杂志，1999，(3)：226–227.

[24] 赵瑞祥，杜丽君. 健身跑对中老年人的血脂、脂蛋白及载脂蛋白的影响 [J]. 中国运动医学杂志，1998，(2)：176–177.

[25] 杨锡让. 实用运动生理学 [M]. 北京：北京体育大学出版社，1998.

[26] 周英男，王洪勋. 东方健身术健身原理研究之进展 [Z]. 全国高等院校运动医学第十八次国际学术交流会论文汇编：99–59，110–112.

[27] 伊藤良. 从运动生化到健身防治方法 [M]. 北京：北京体育学院出版社，1989：138–157.